AF505480

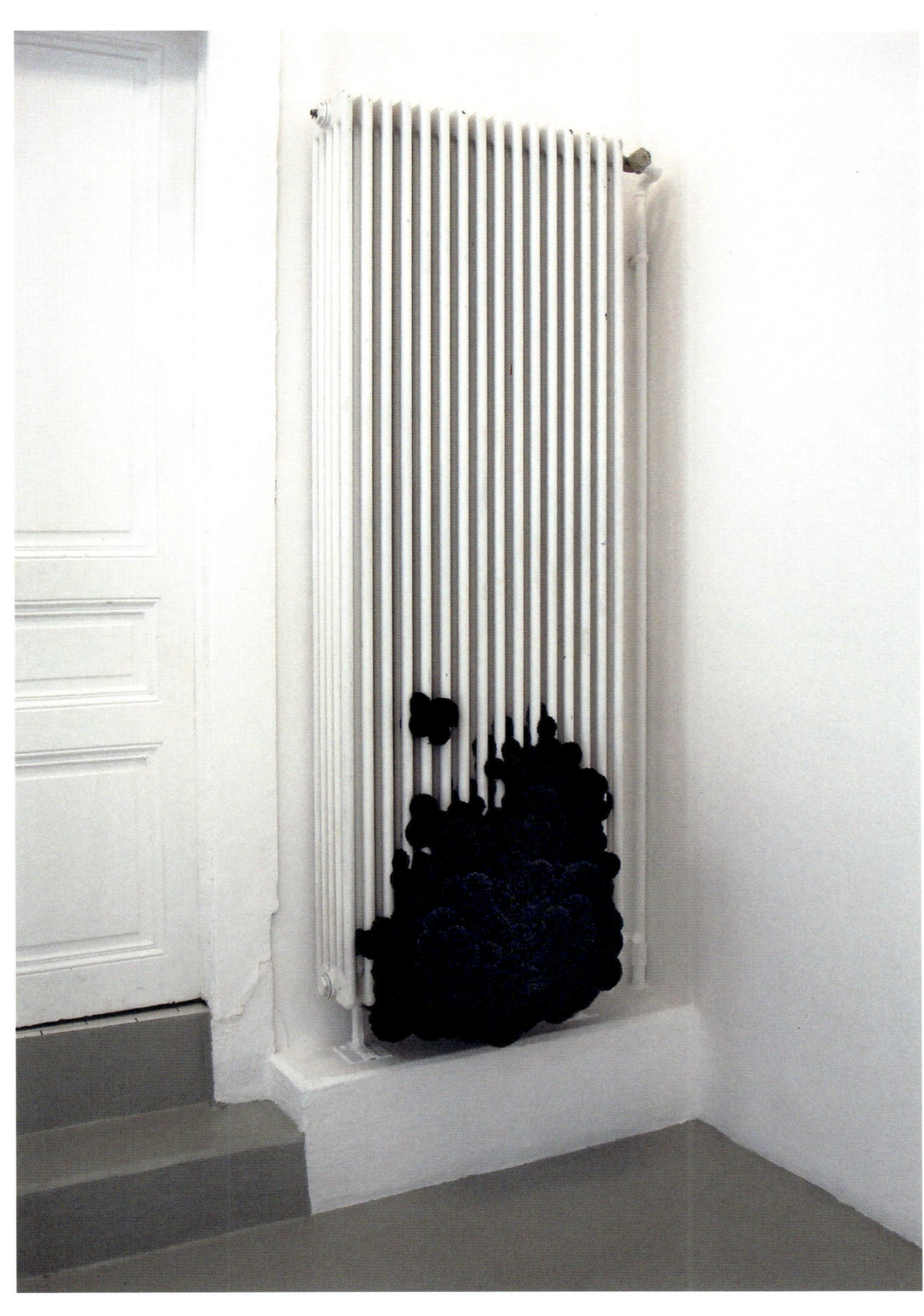

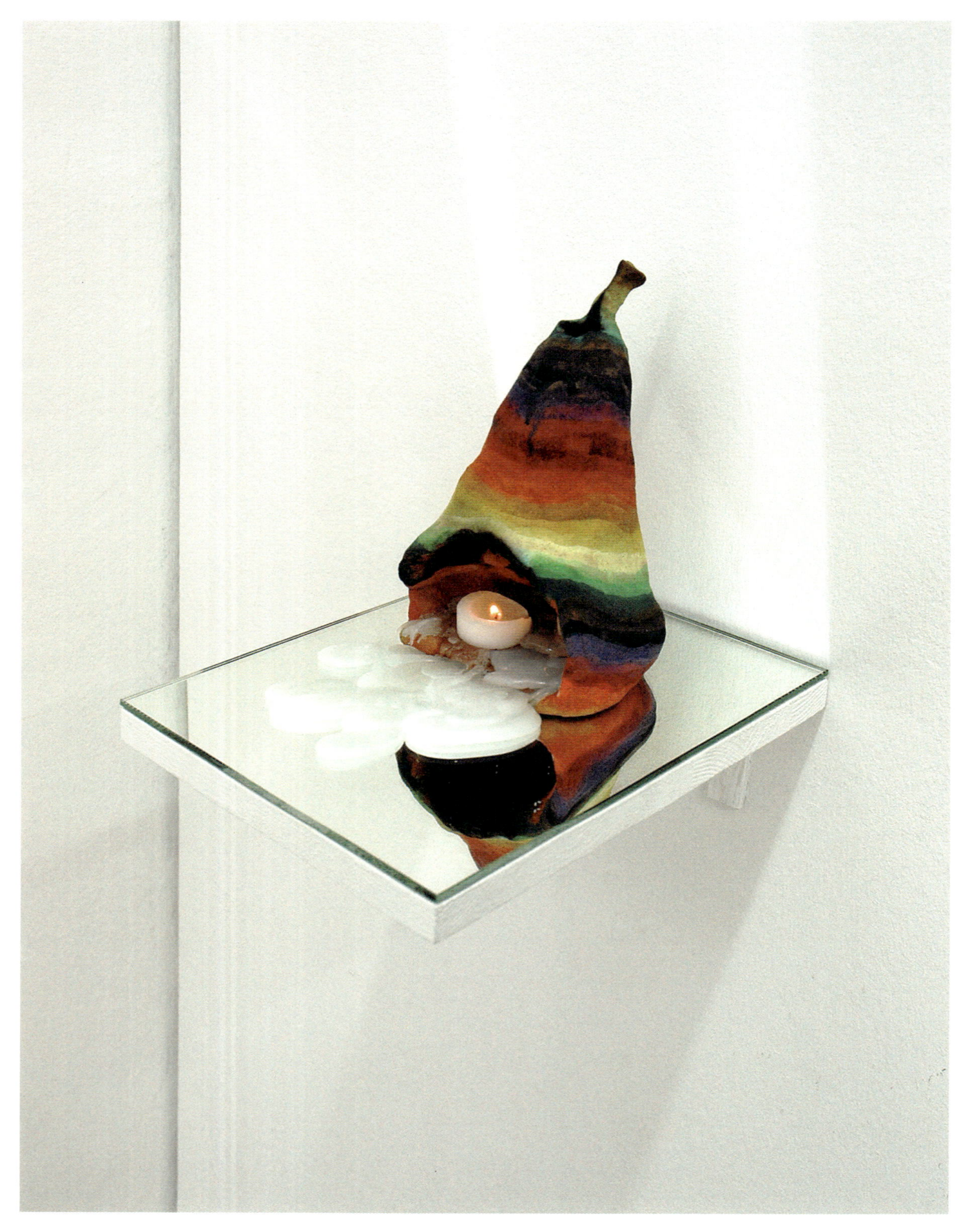

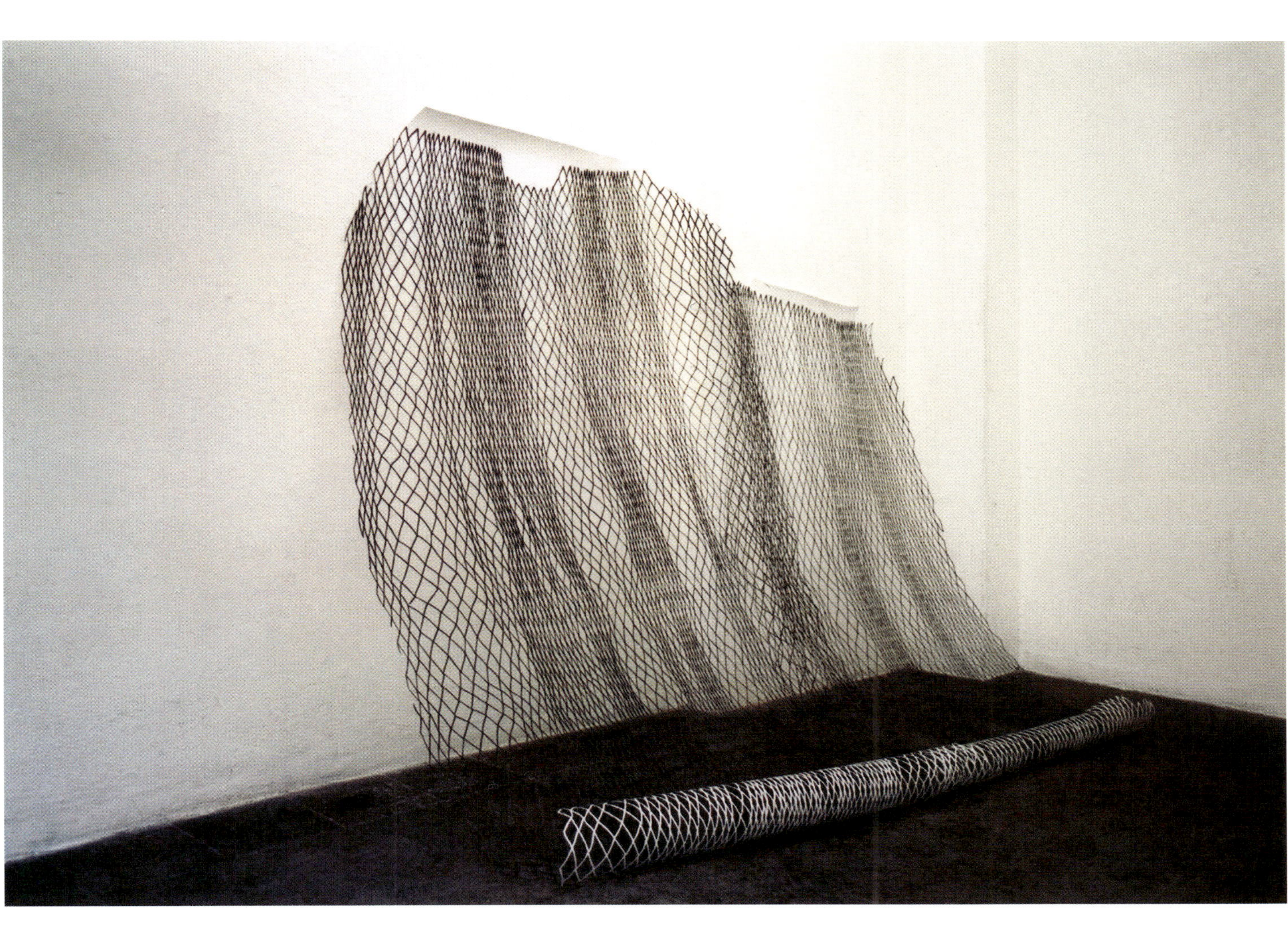

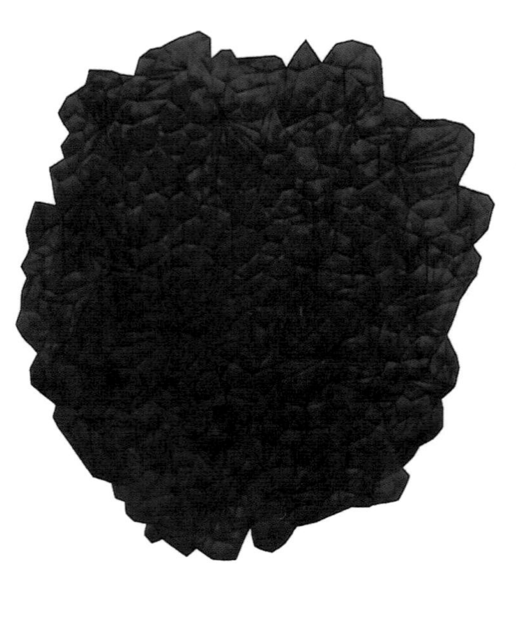

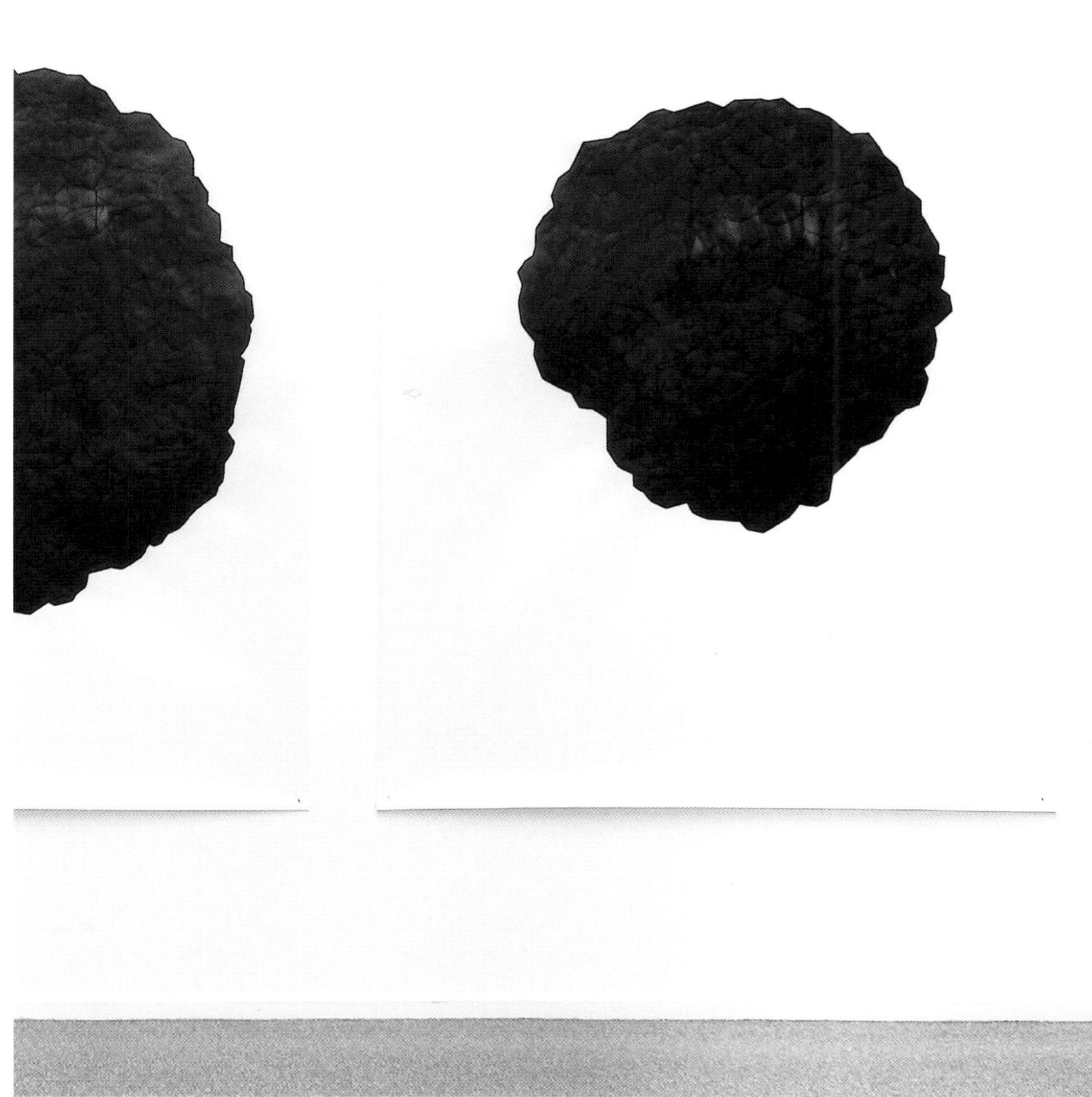

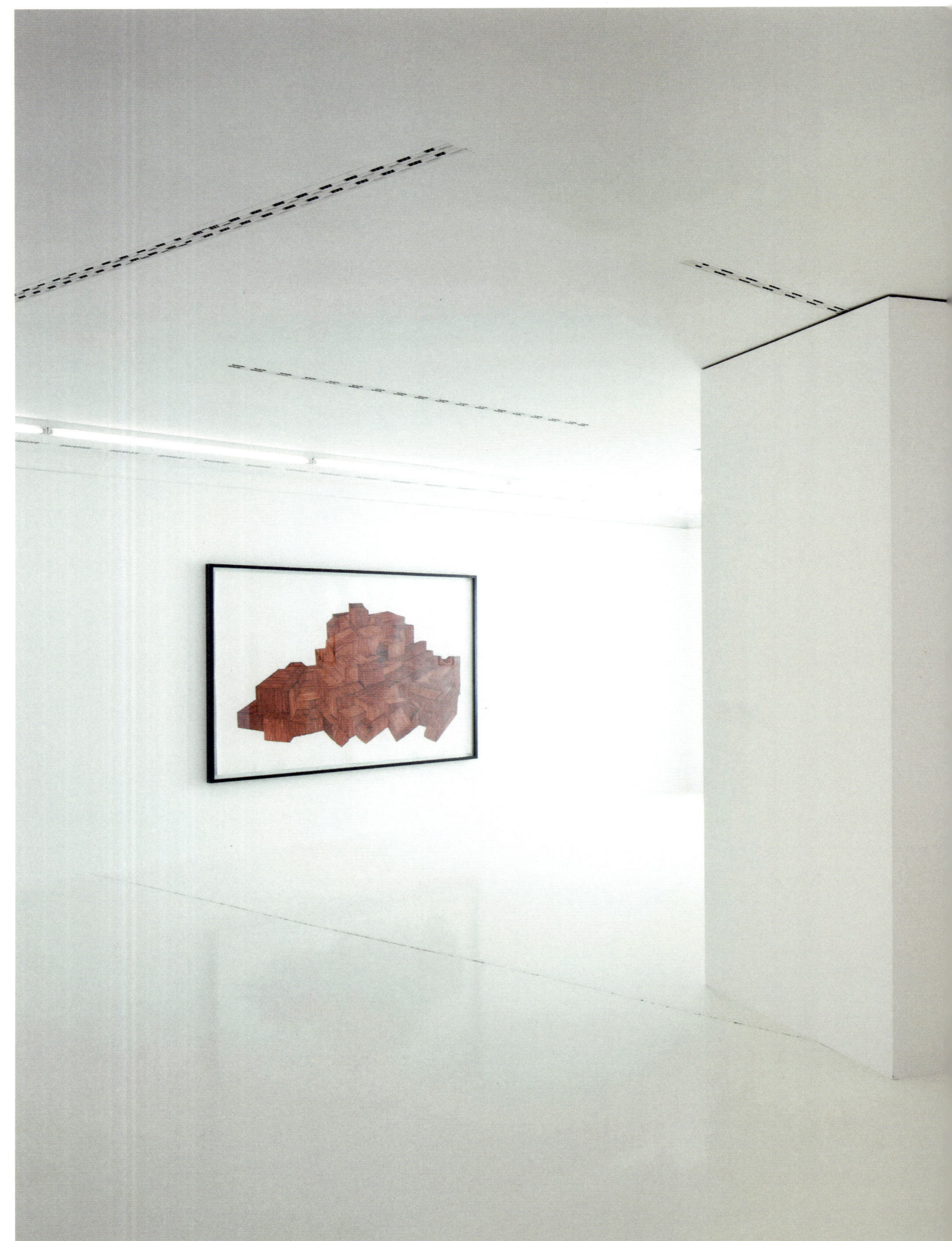

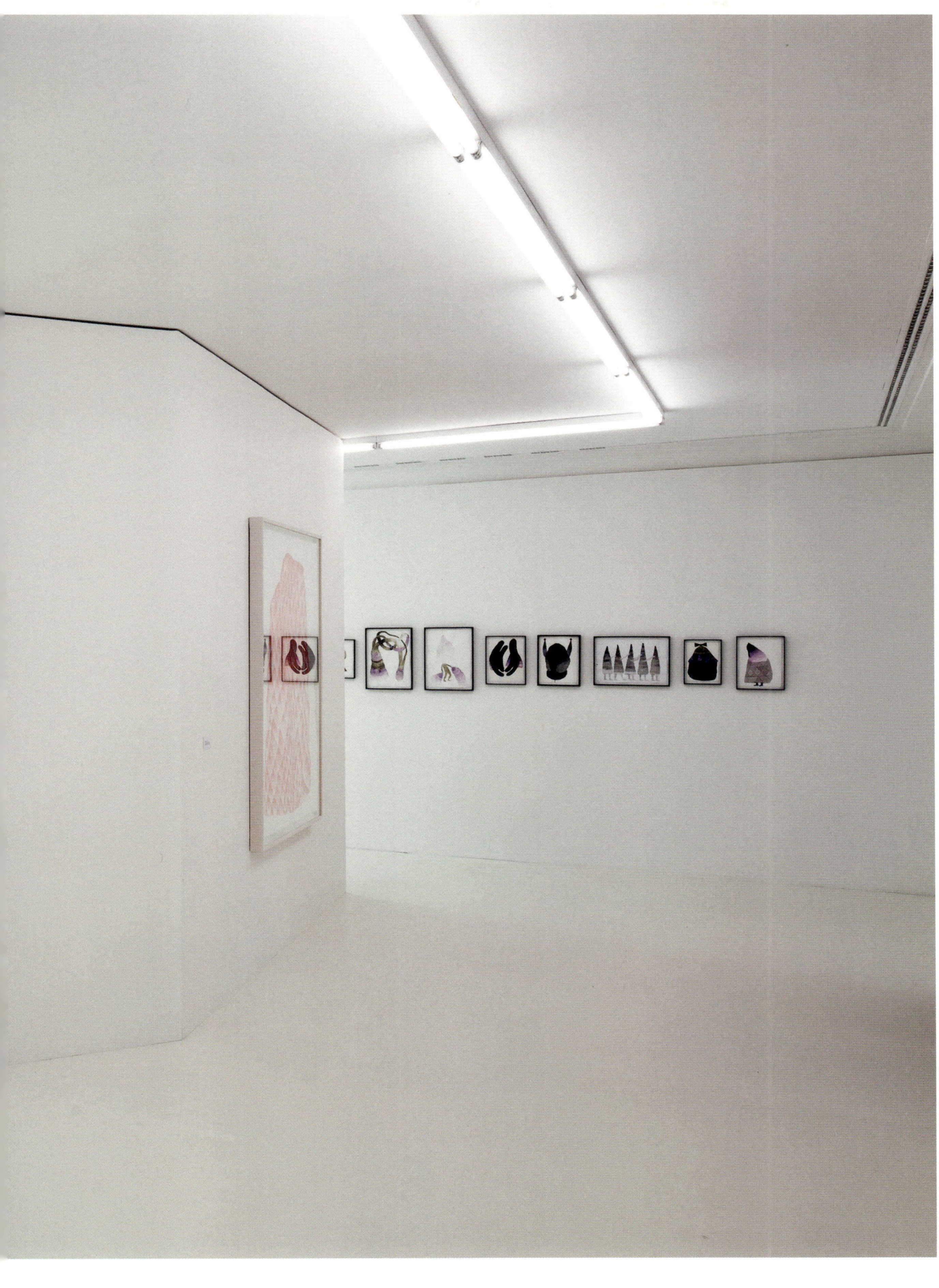

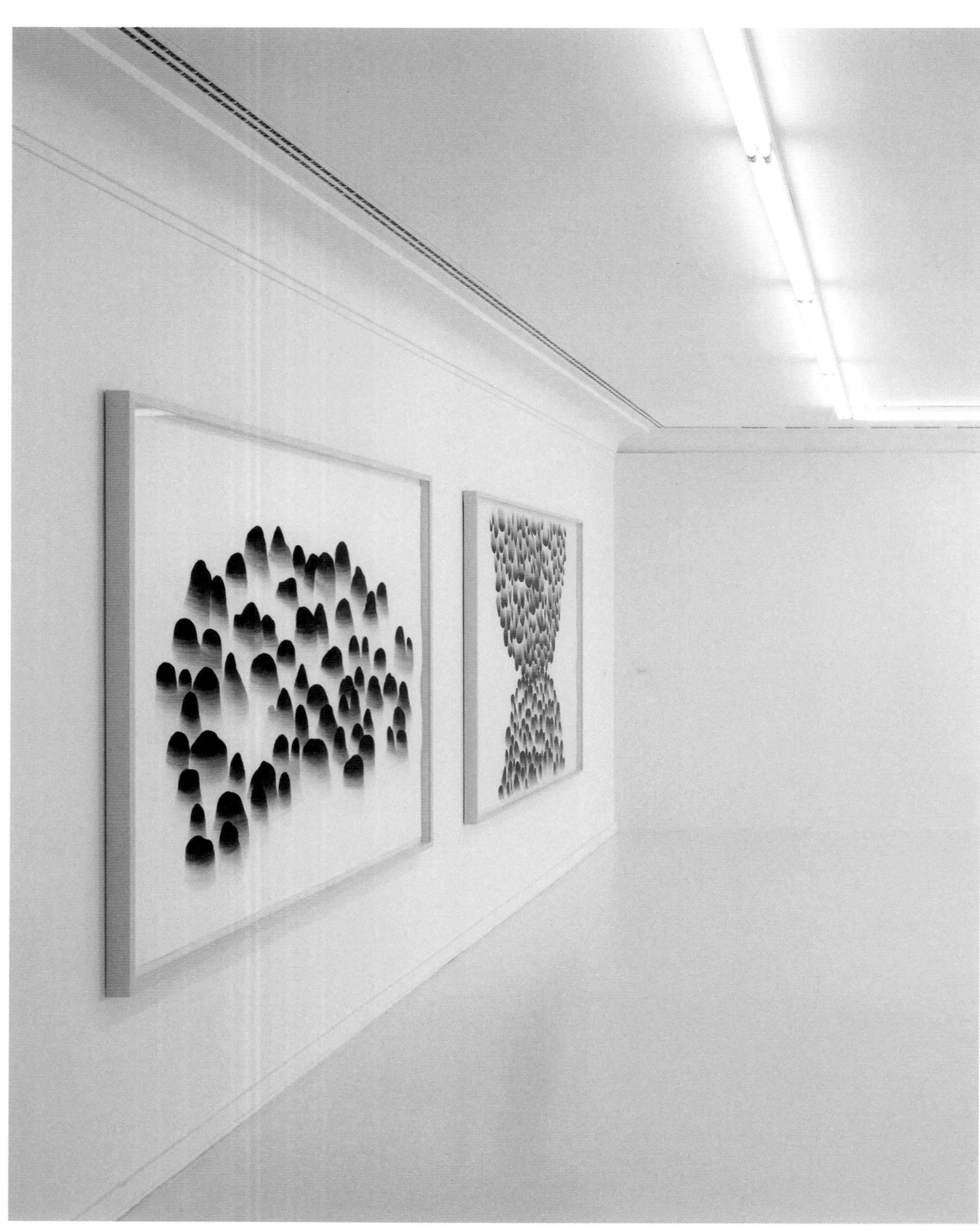

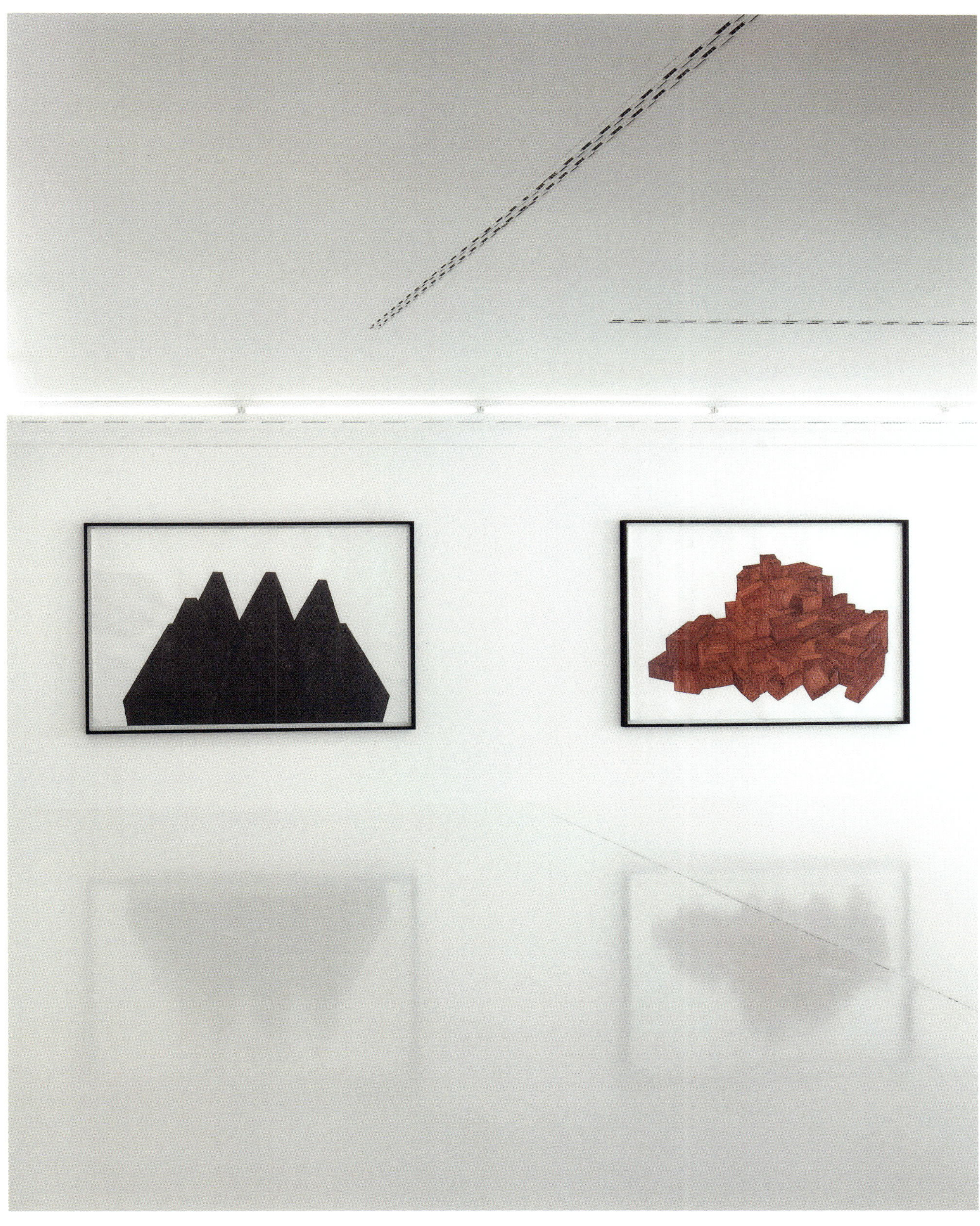

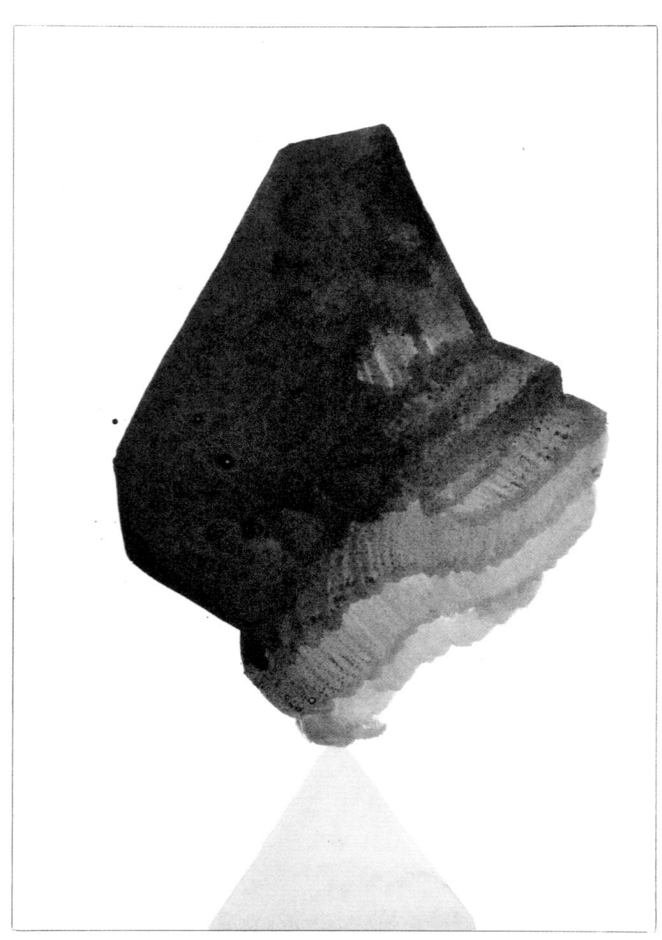

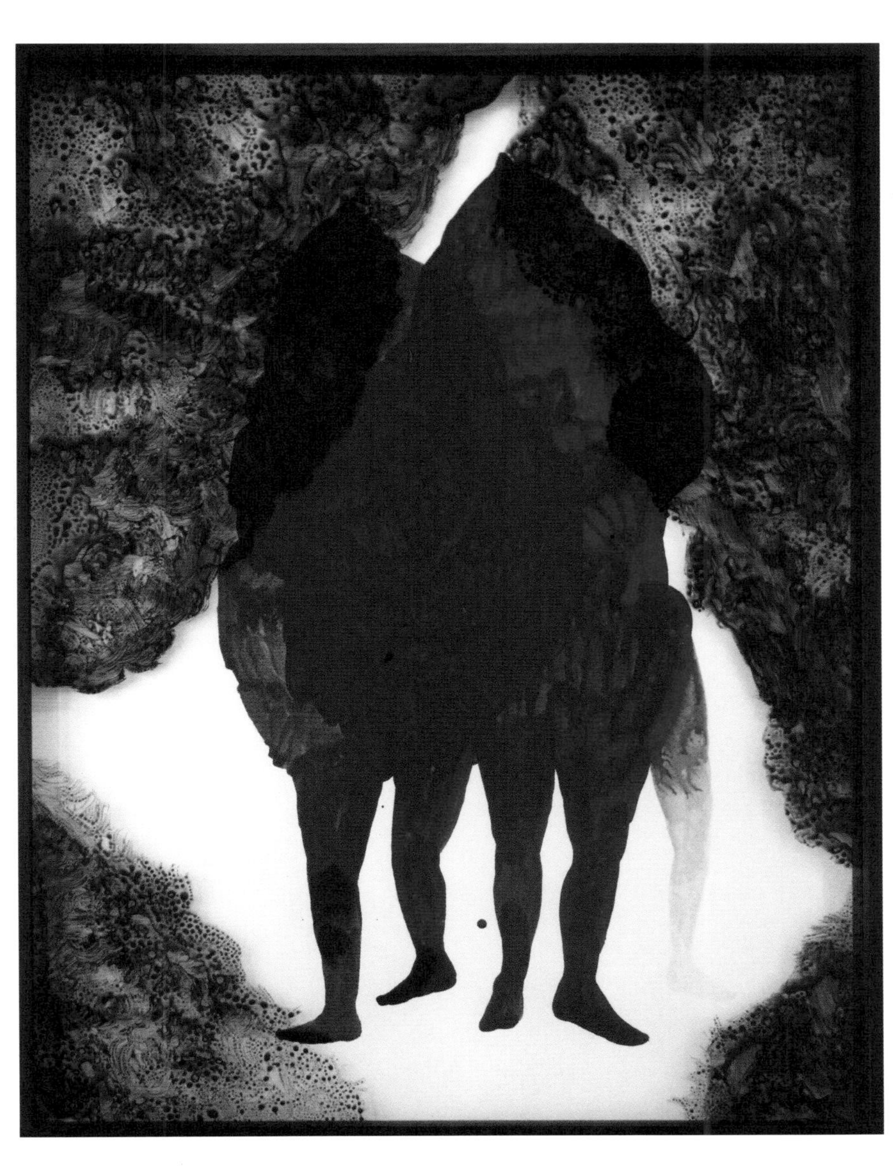

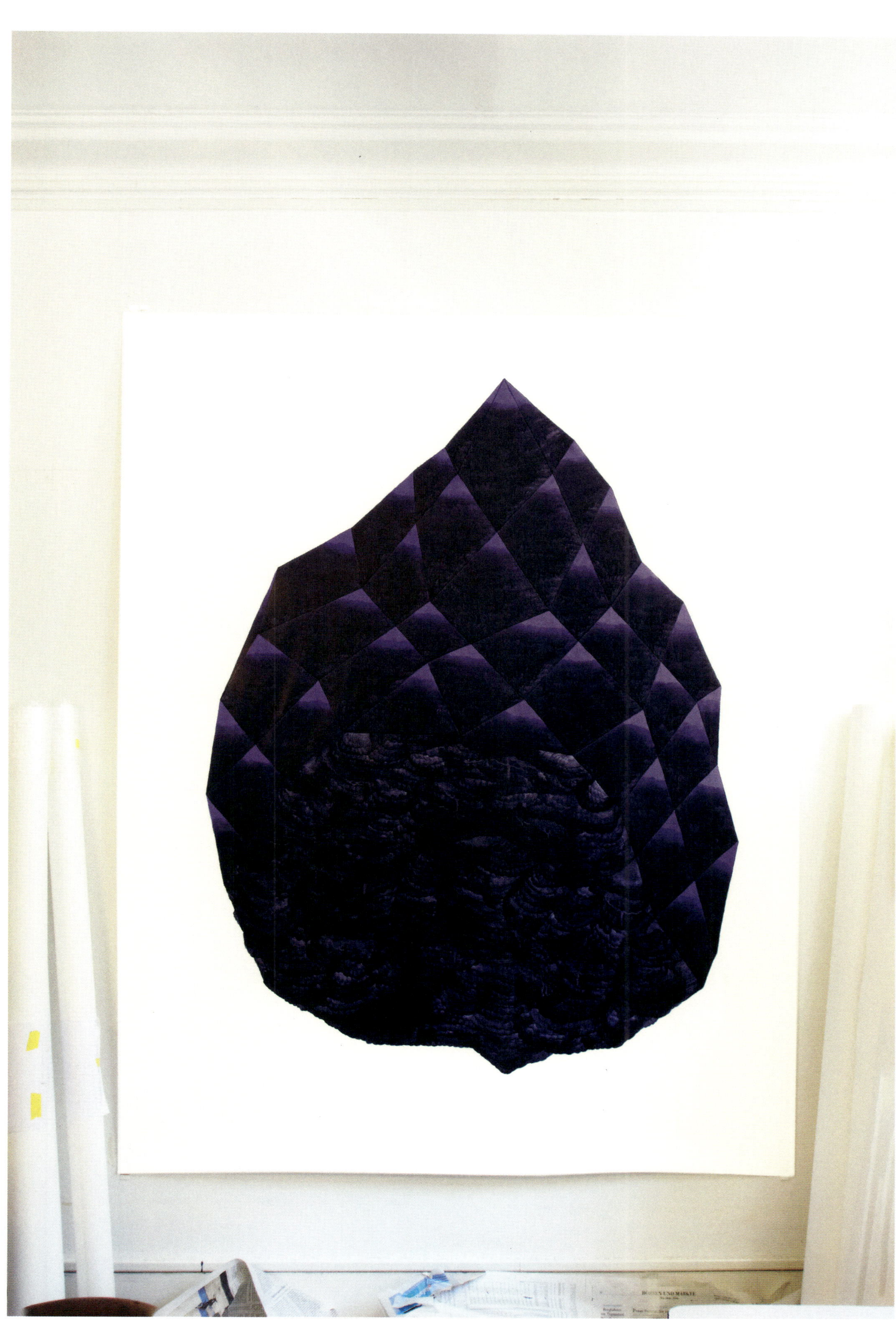

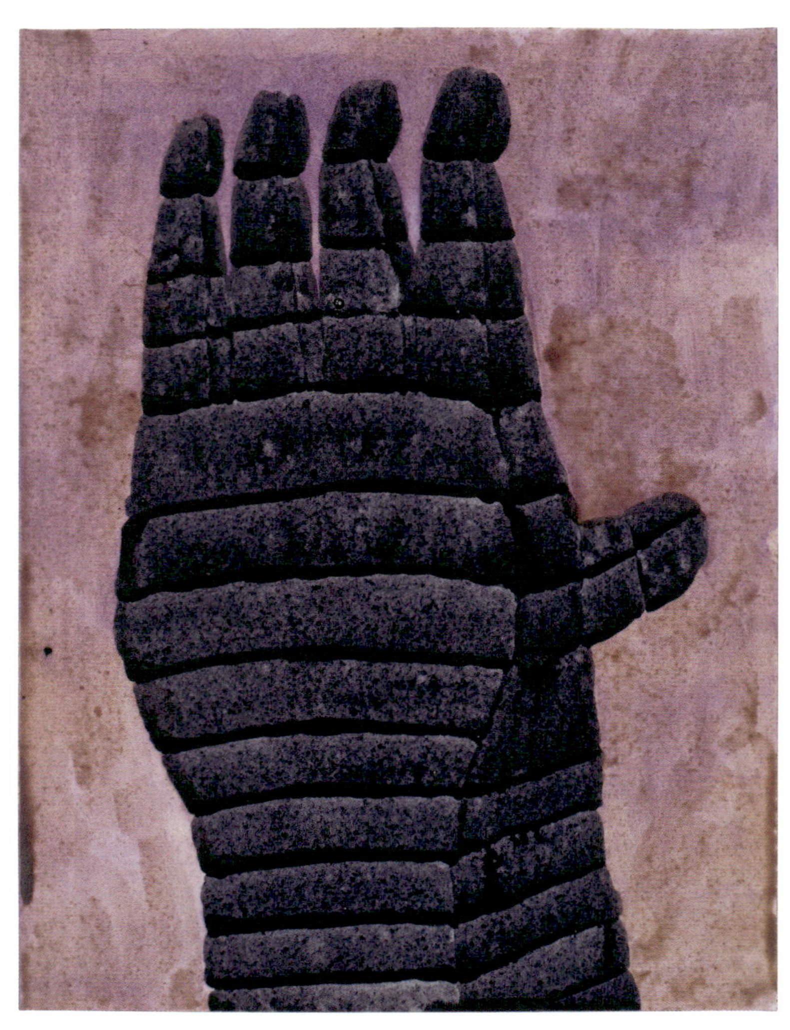

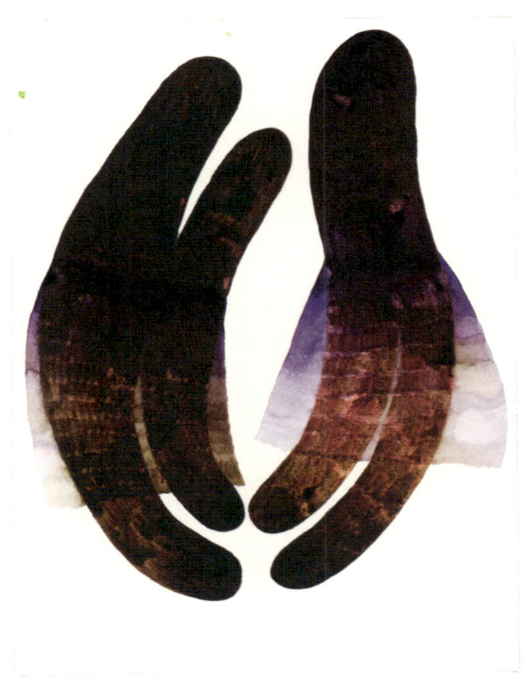

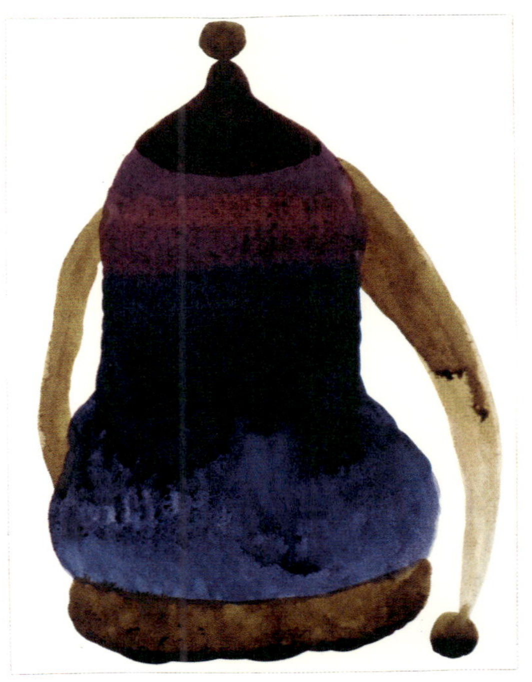

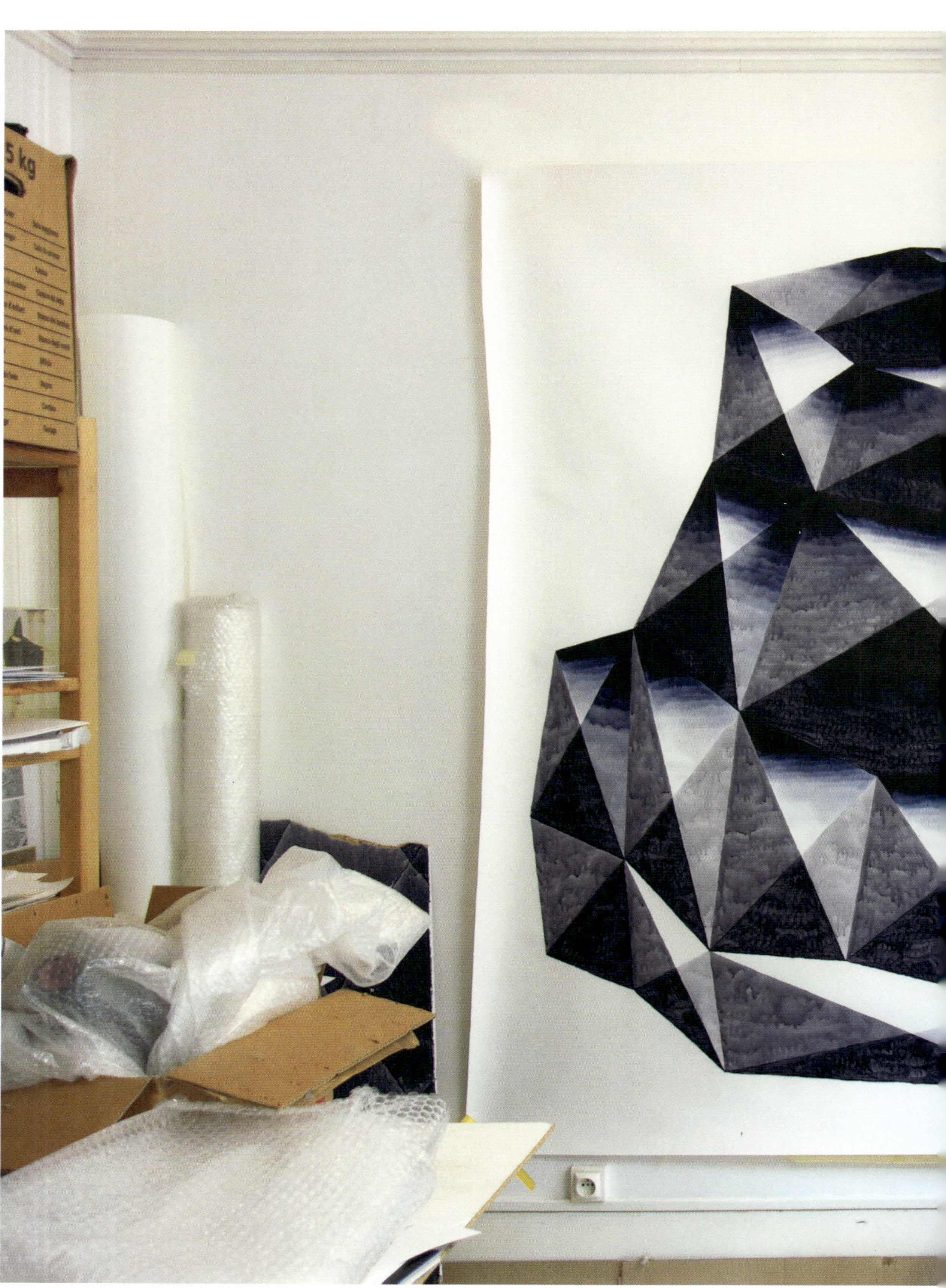

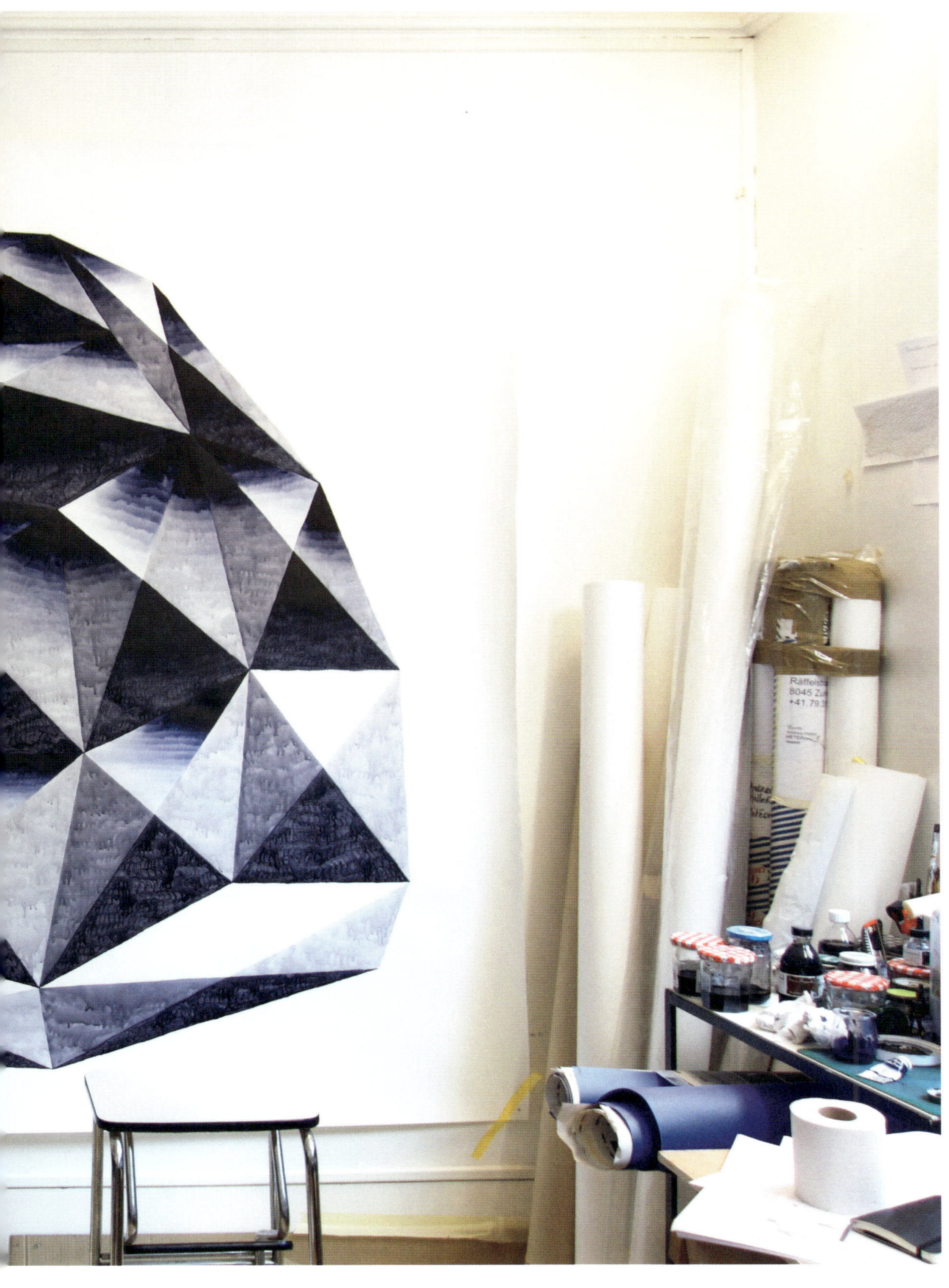

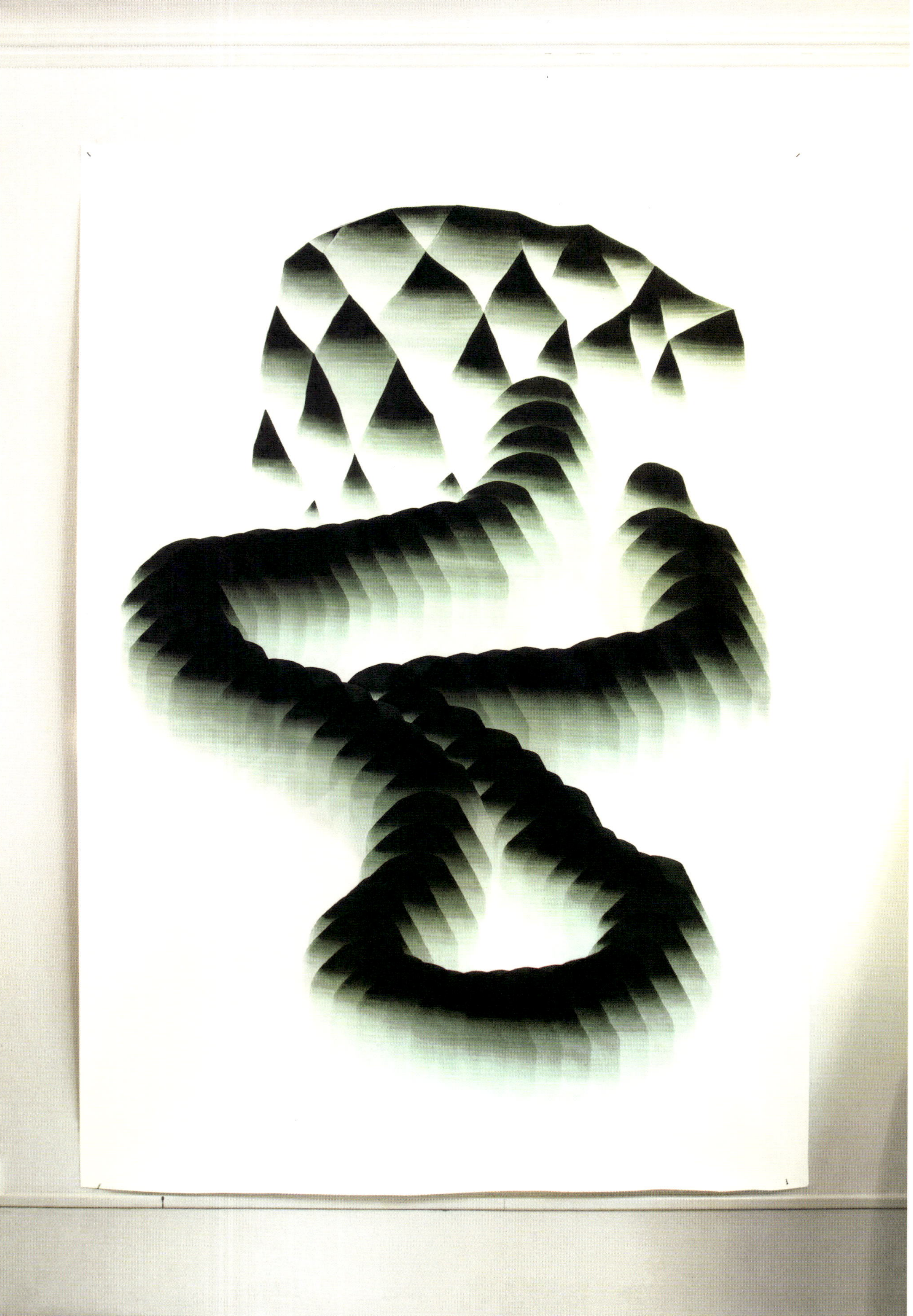

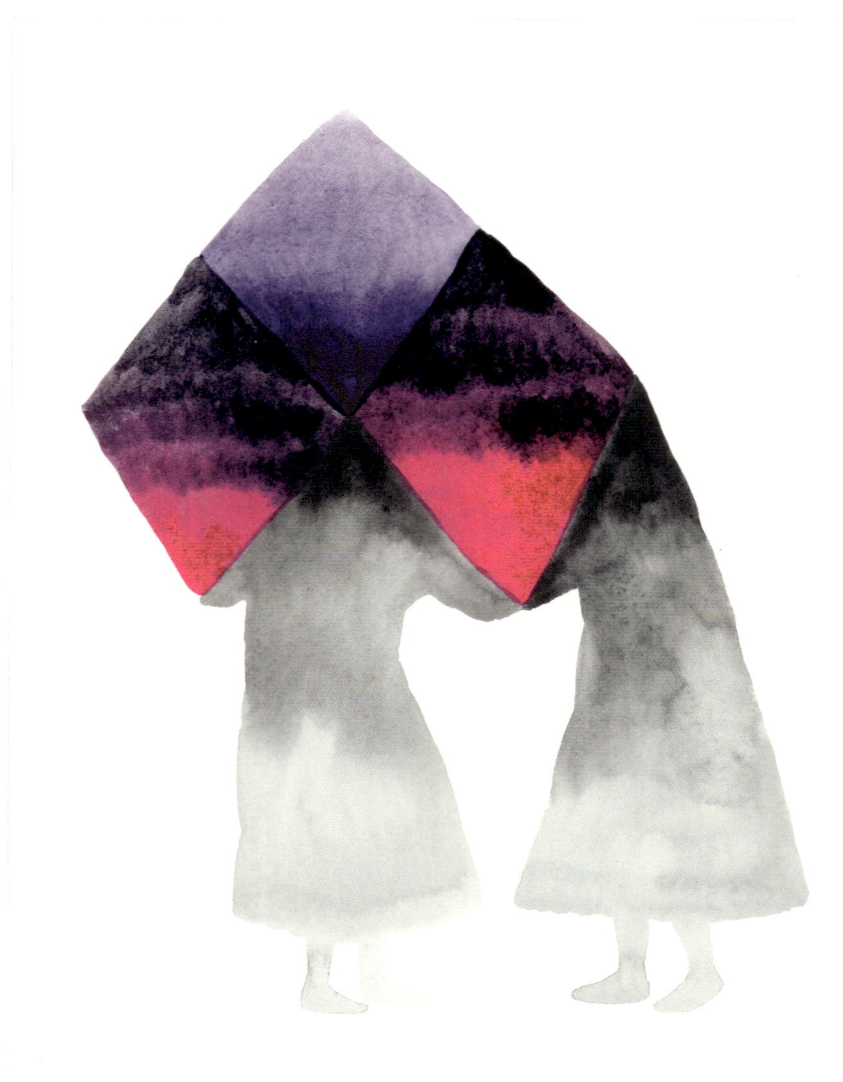

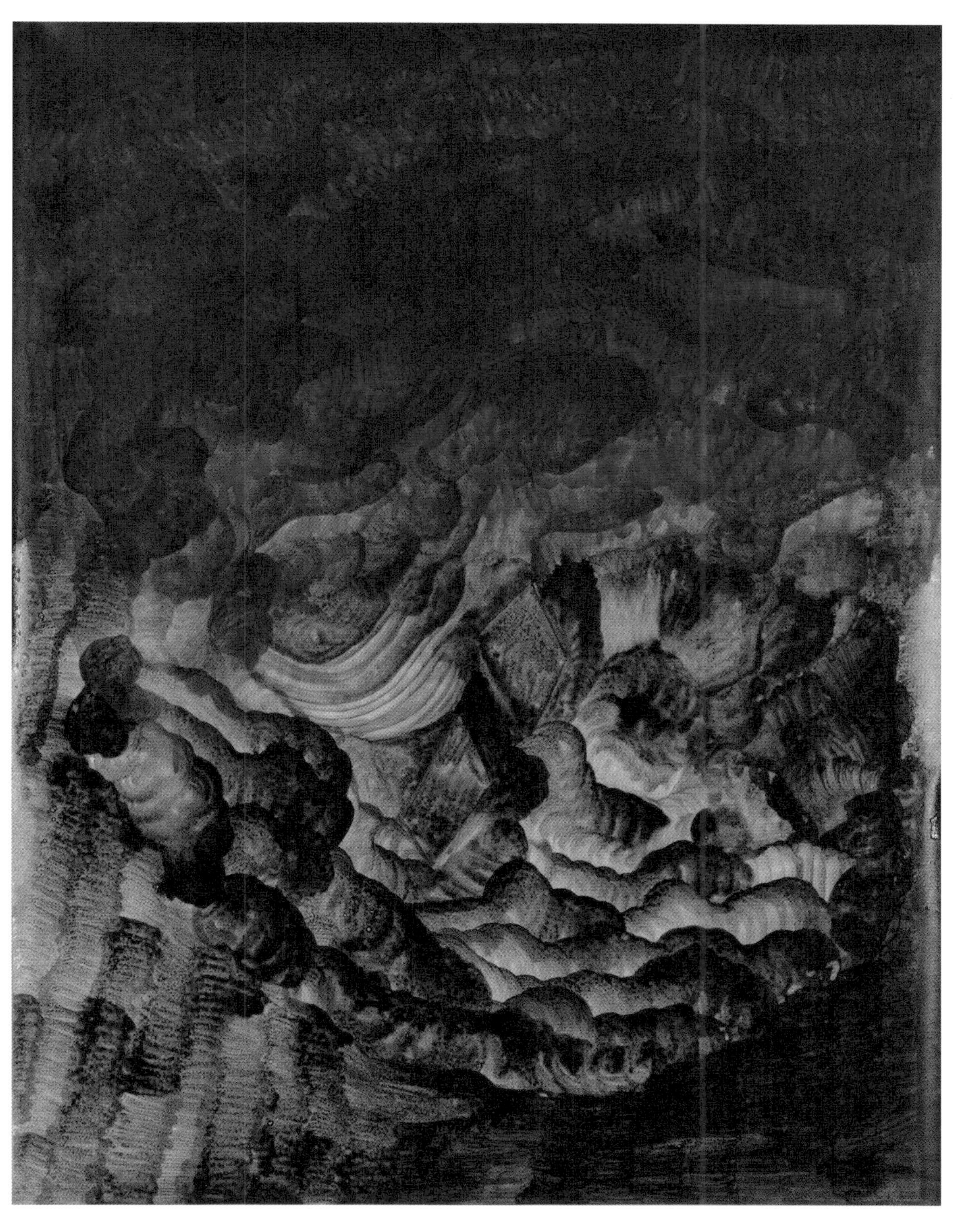

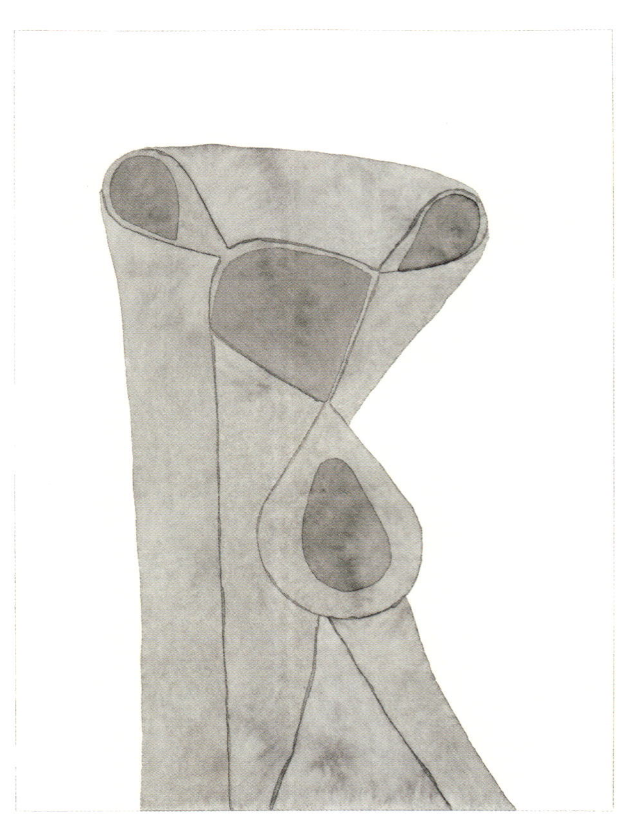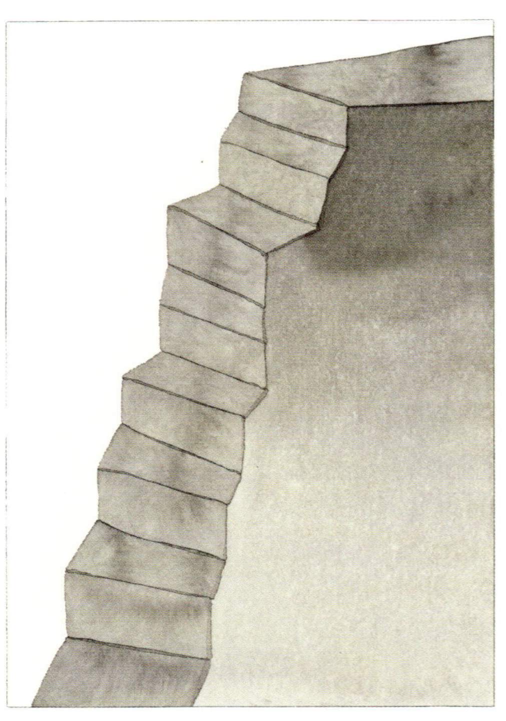

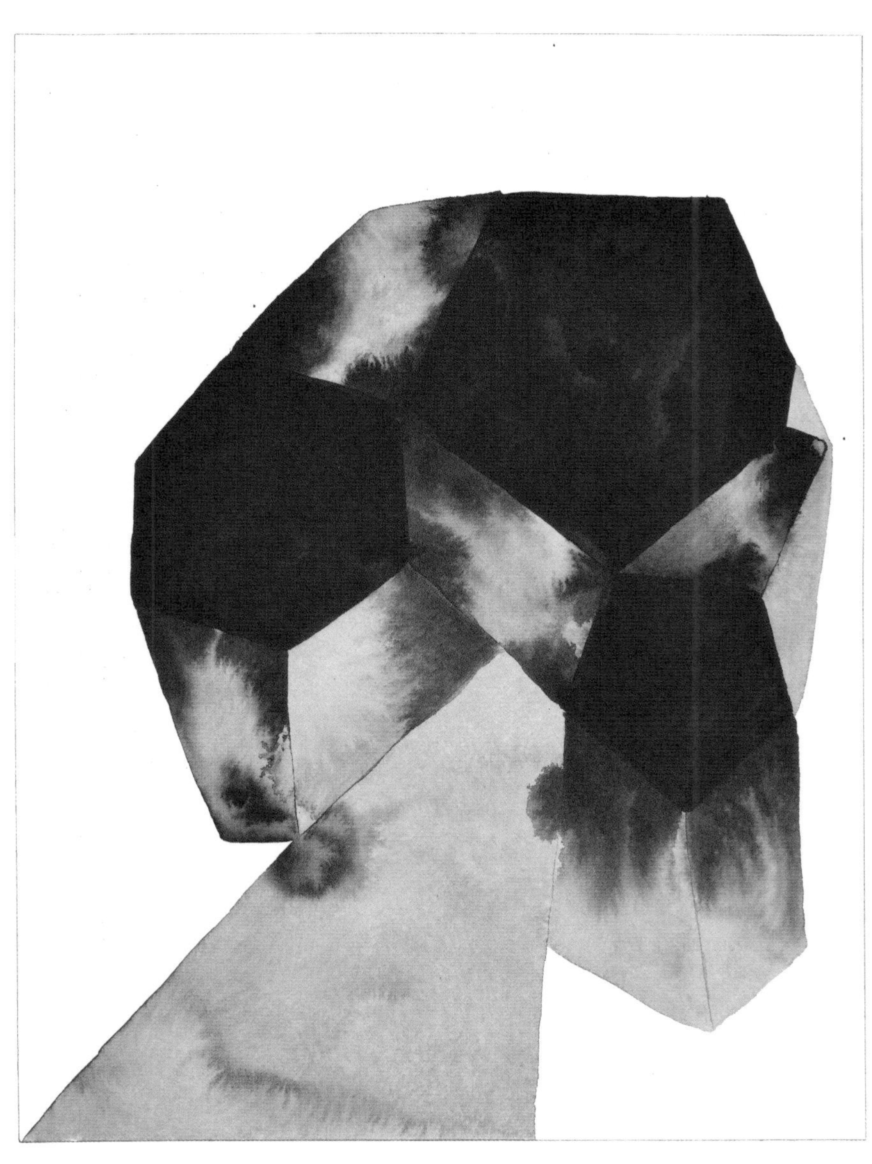

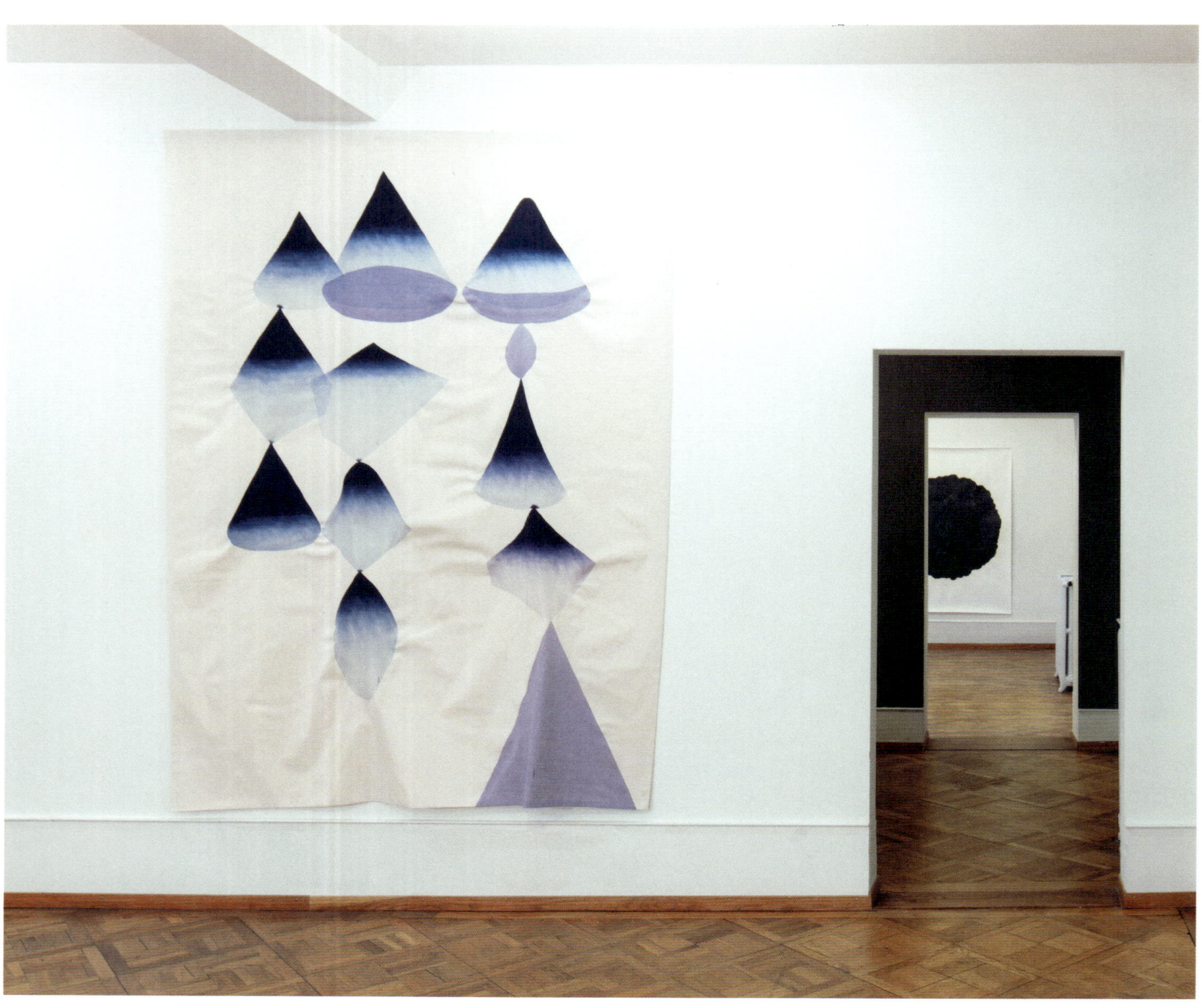

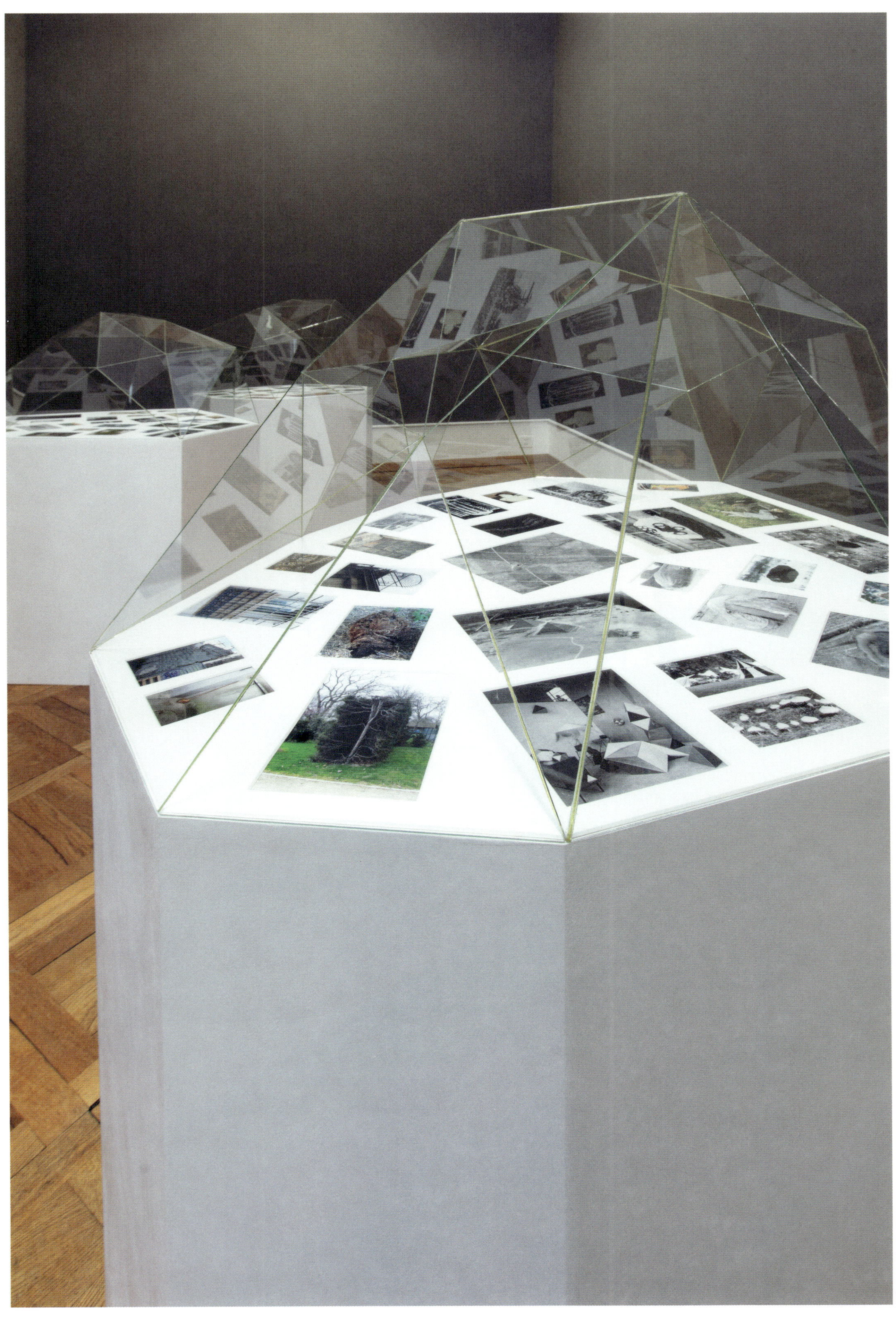

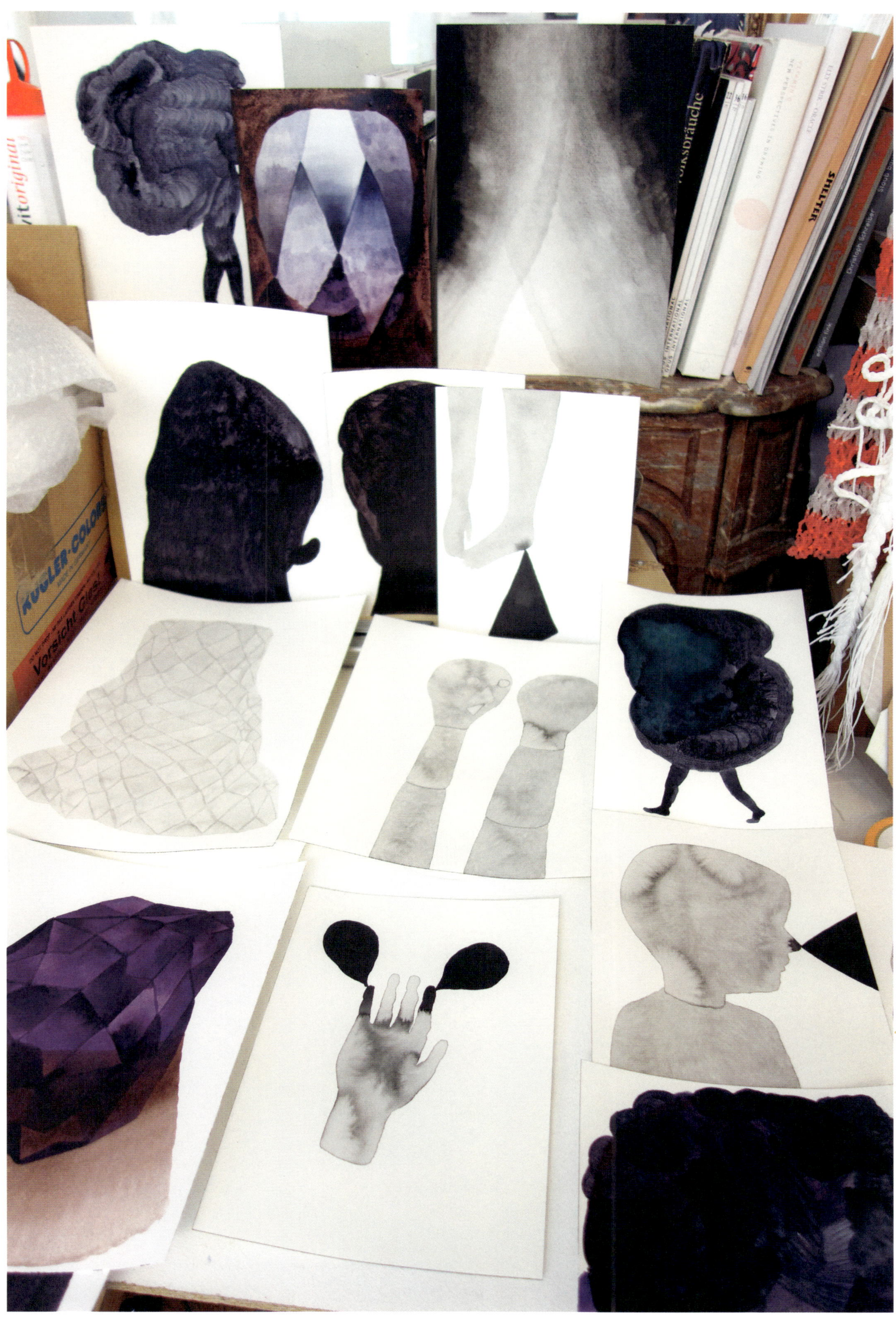

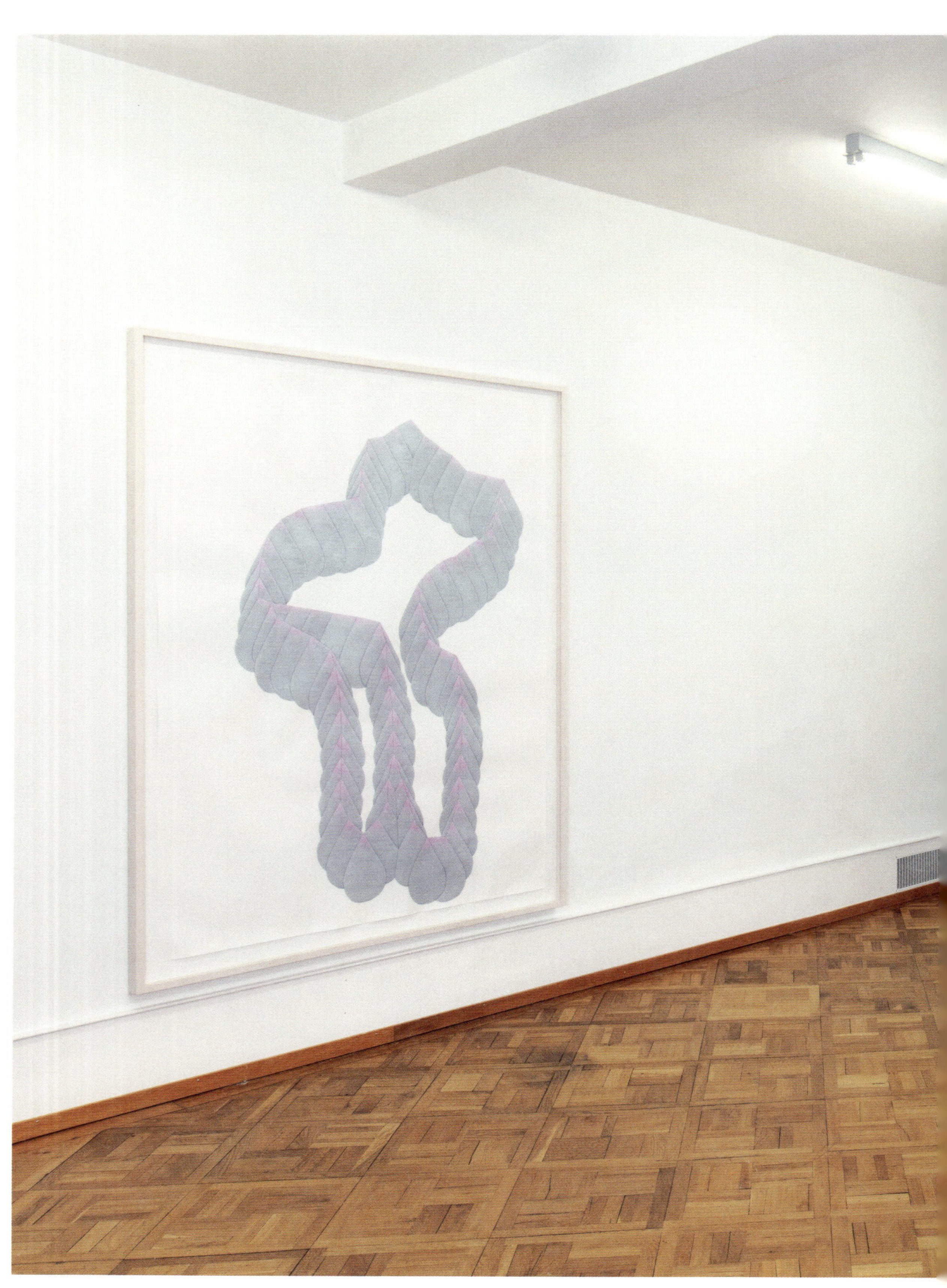

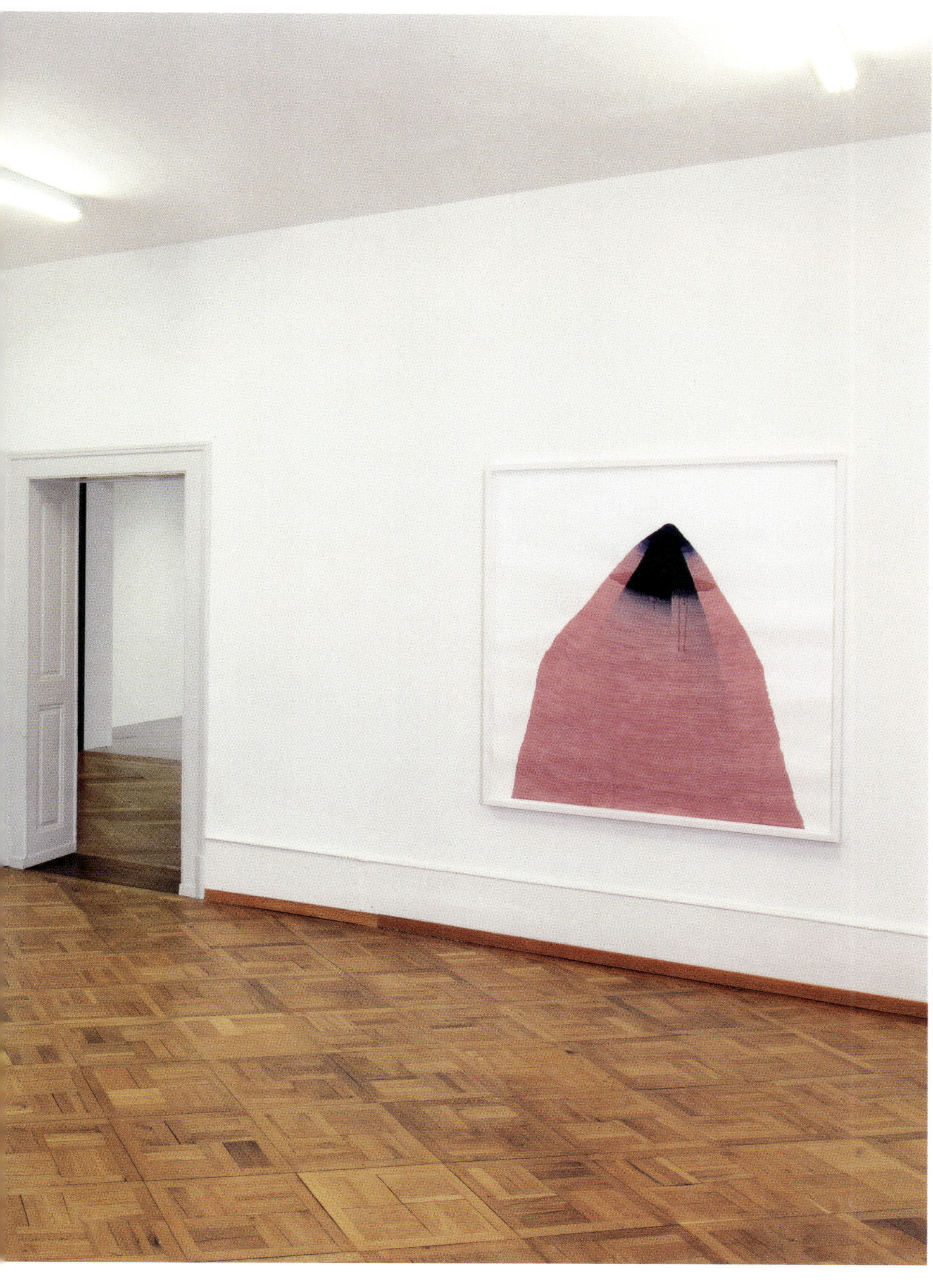

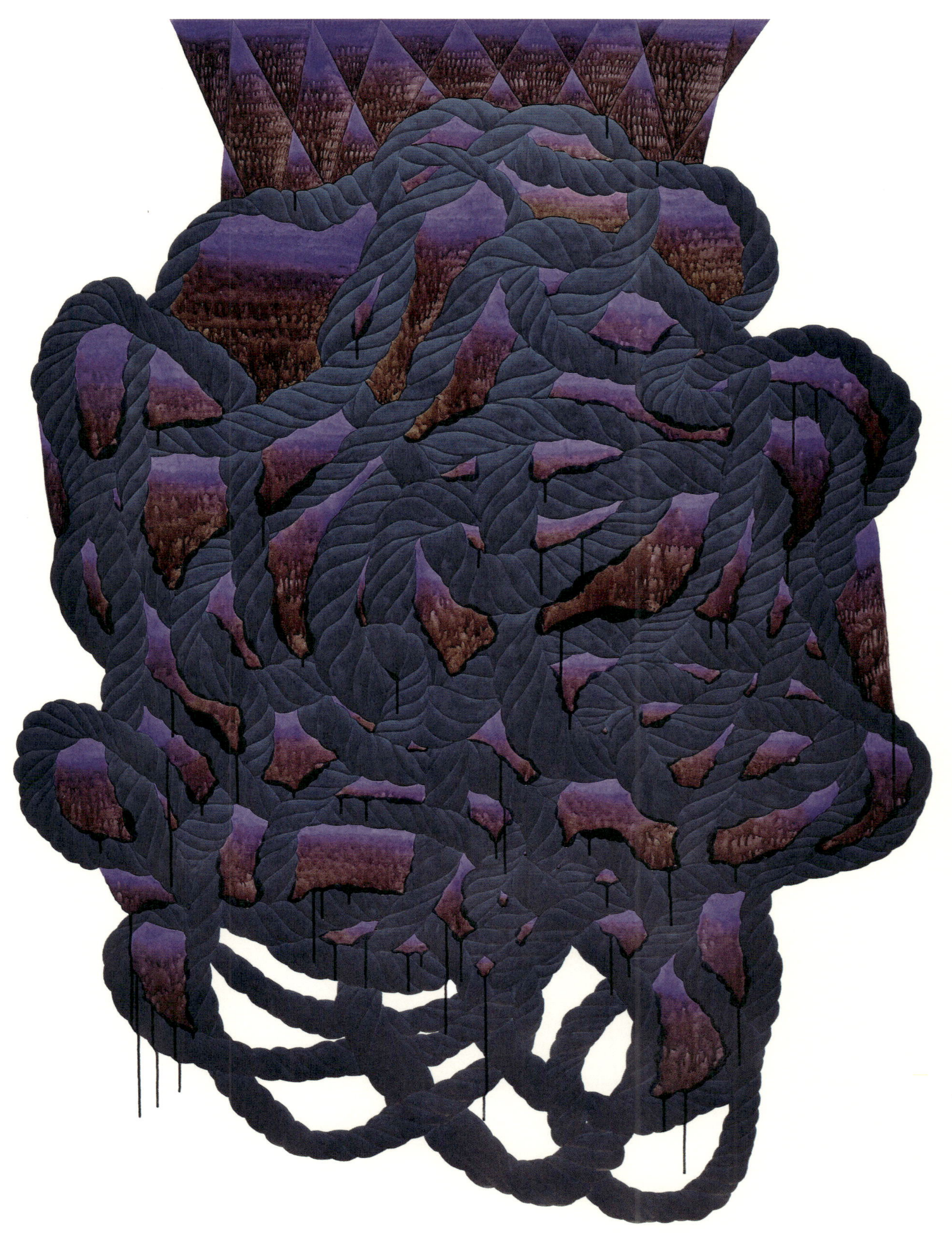

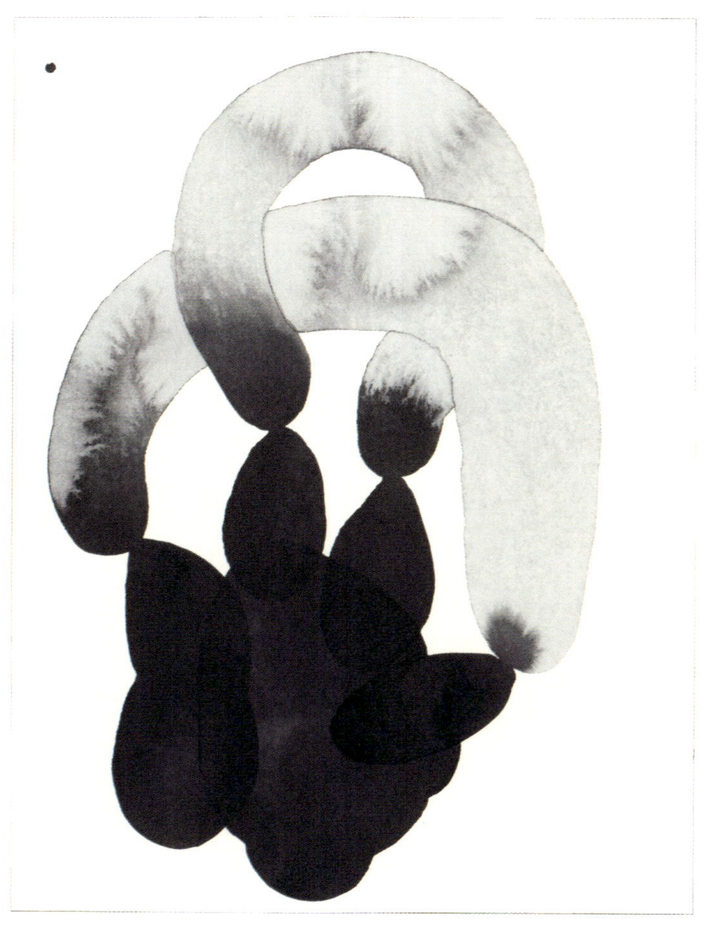

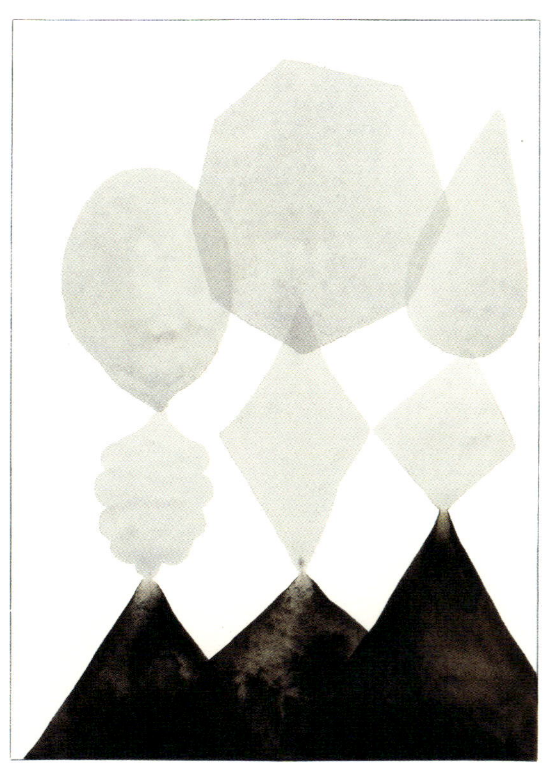

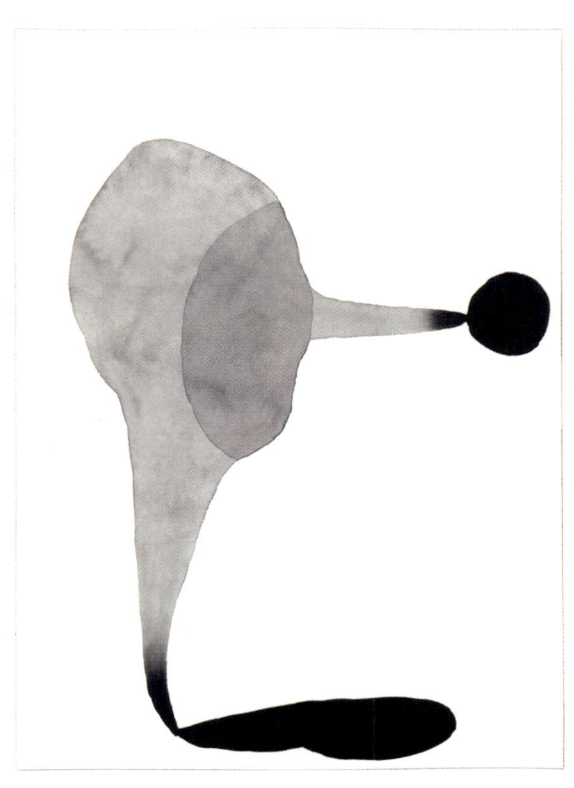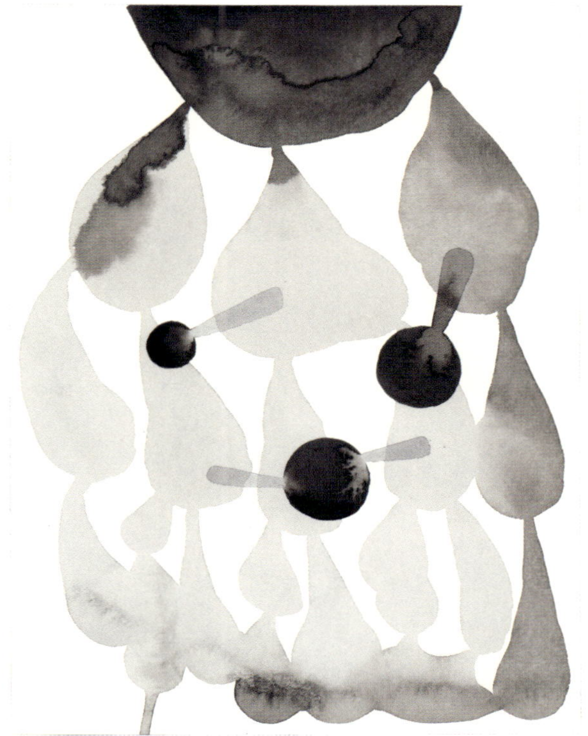

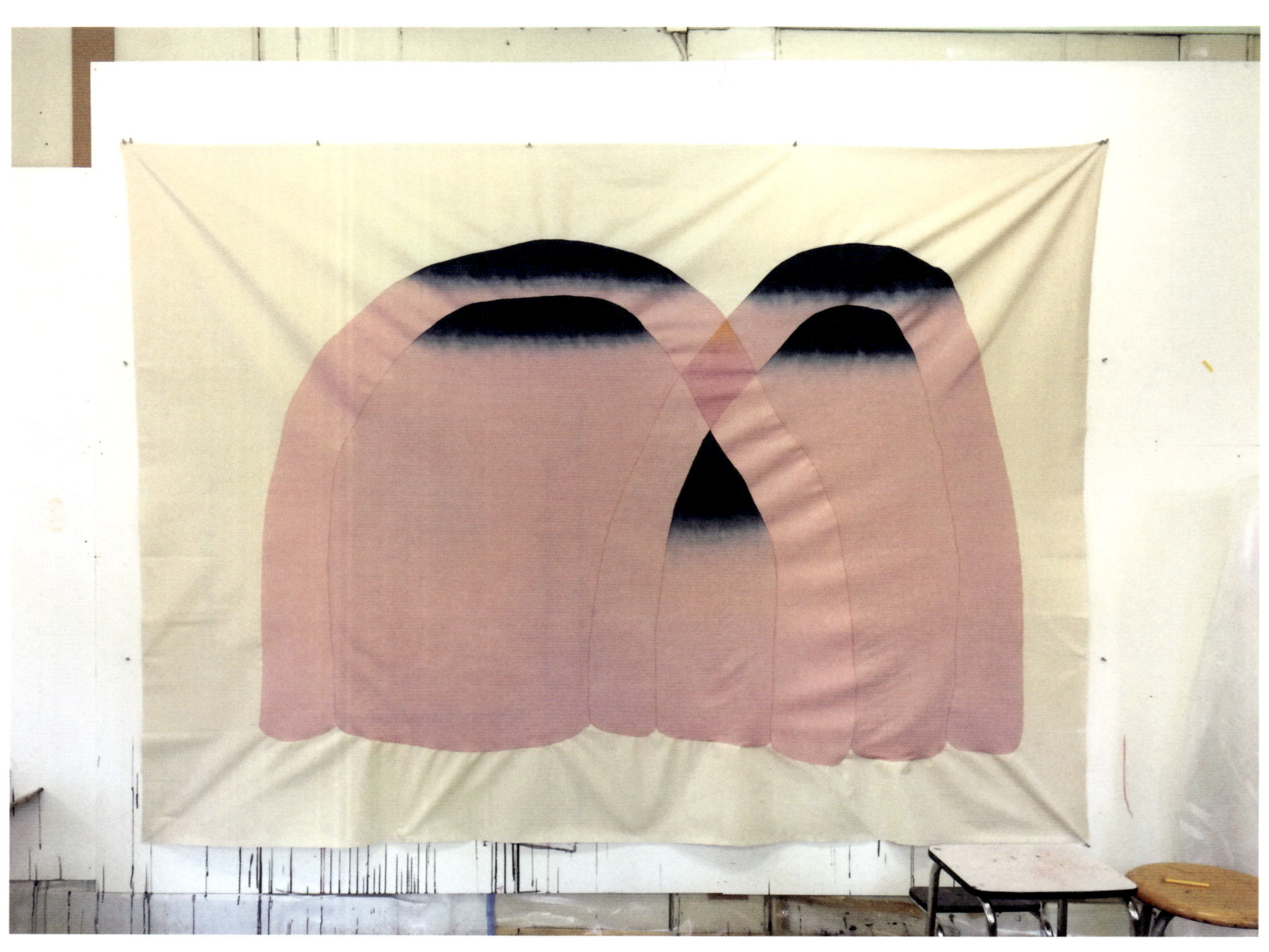

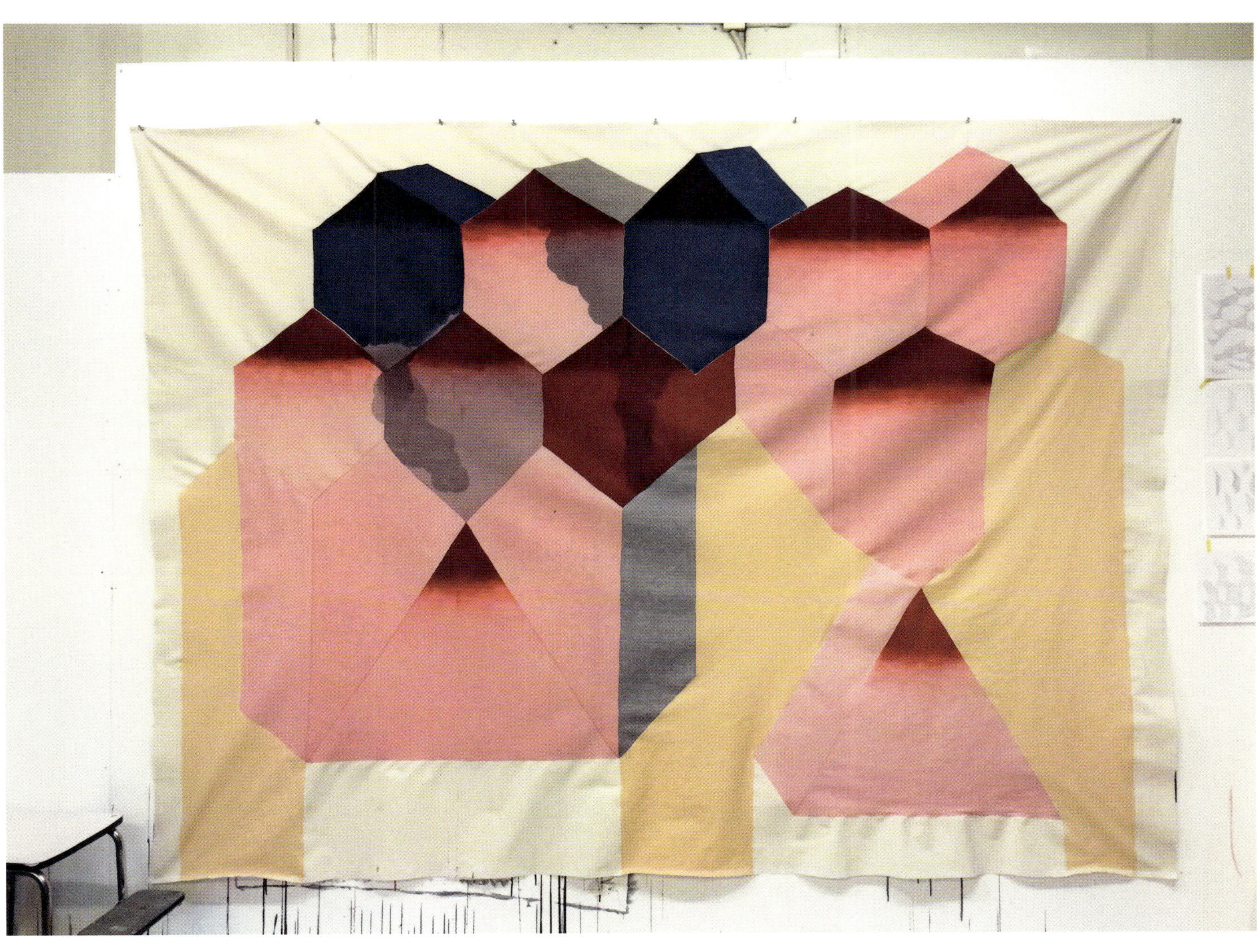

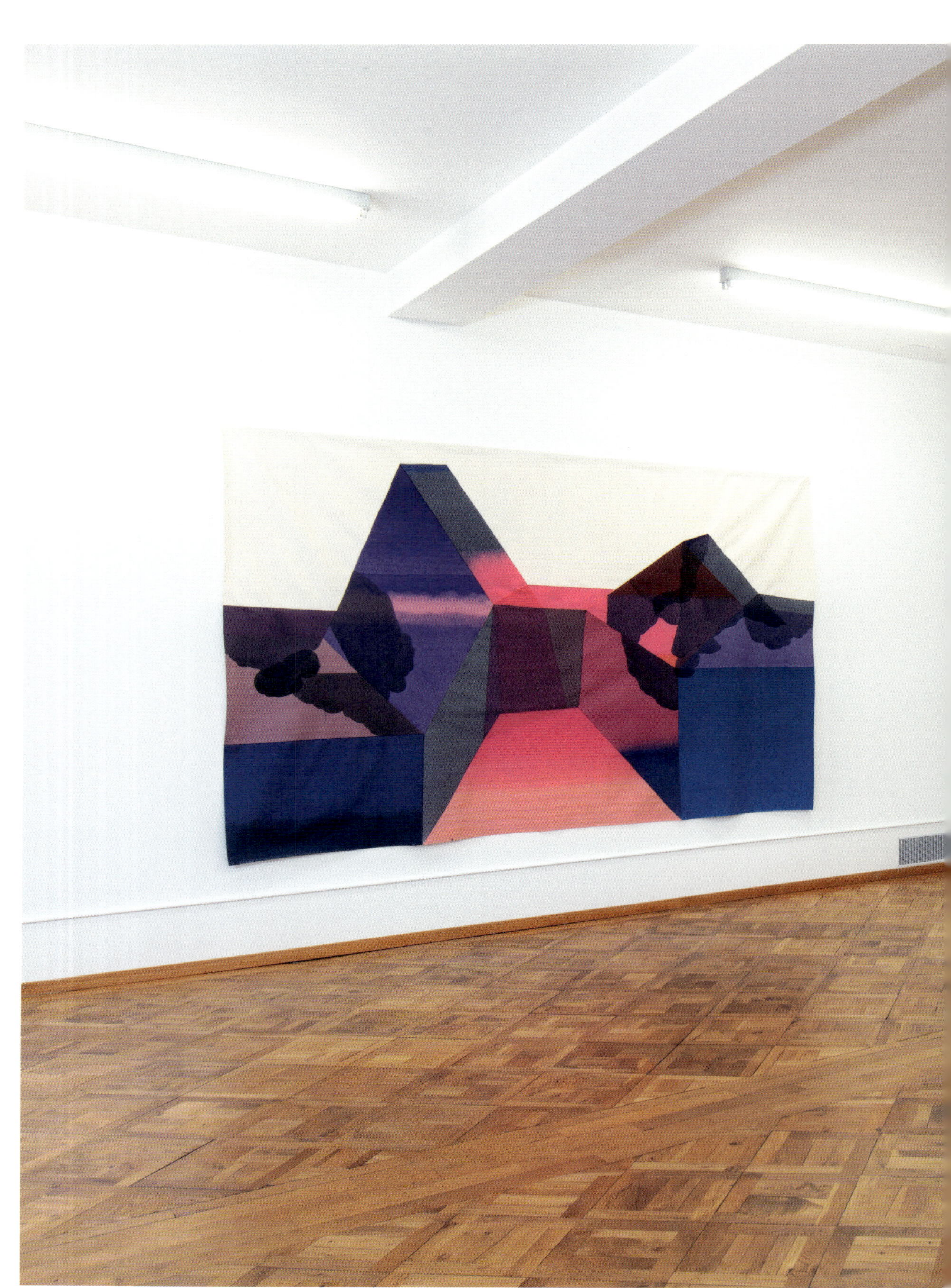

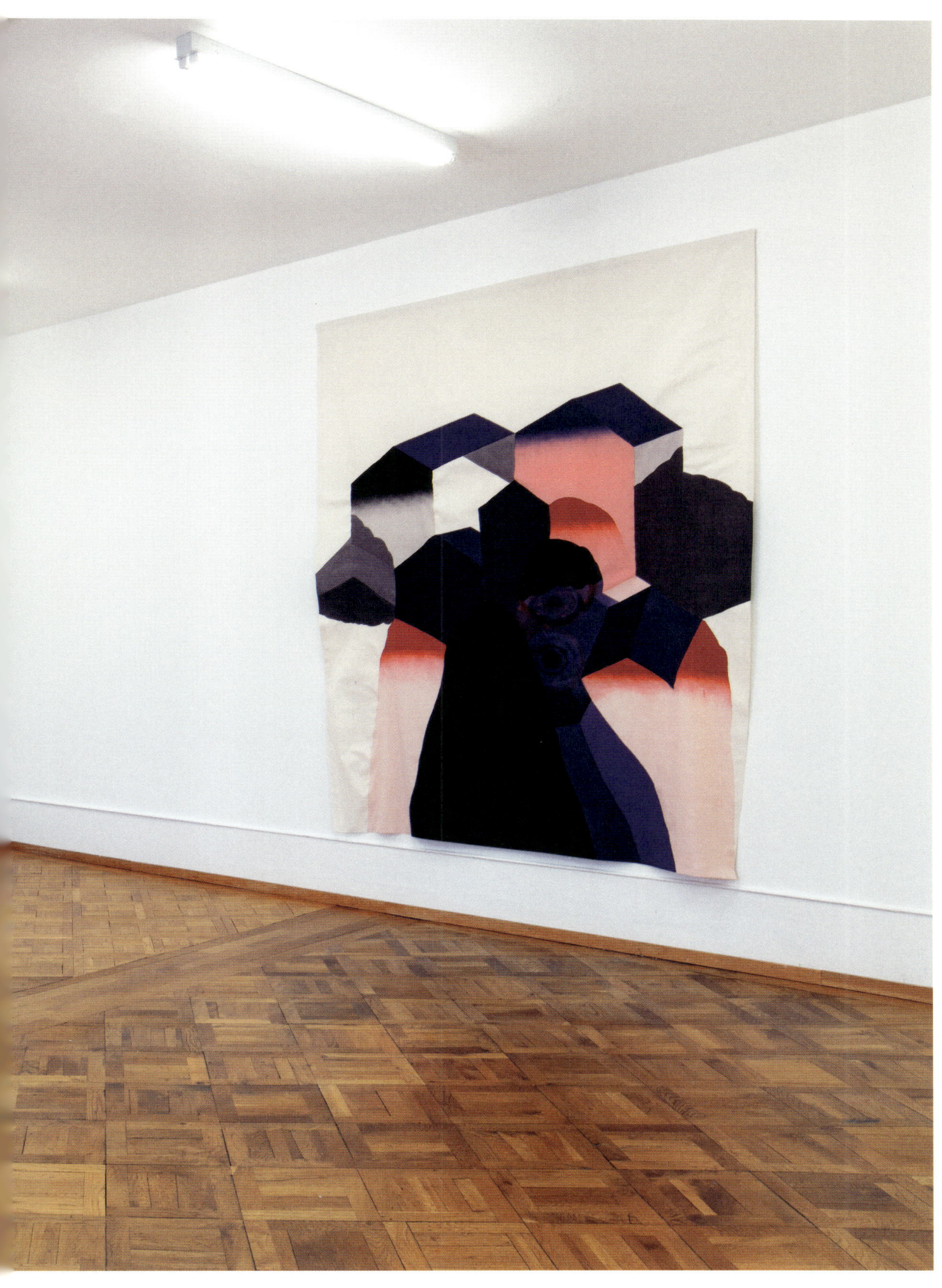

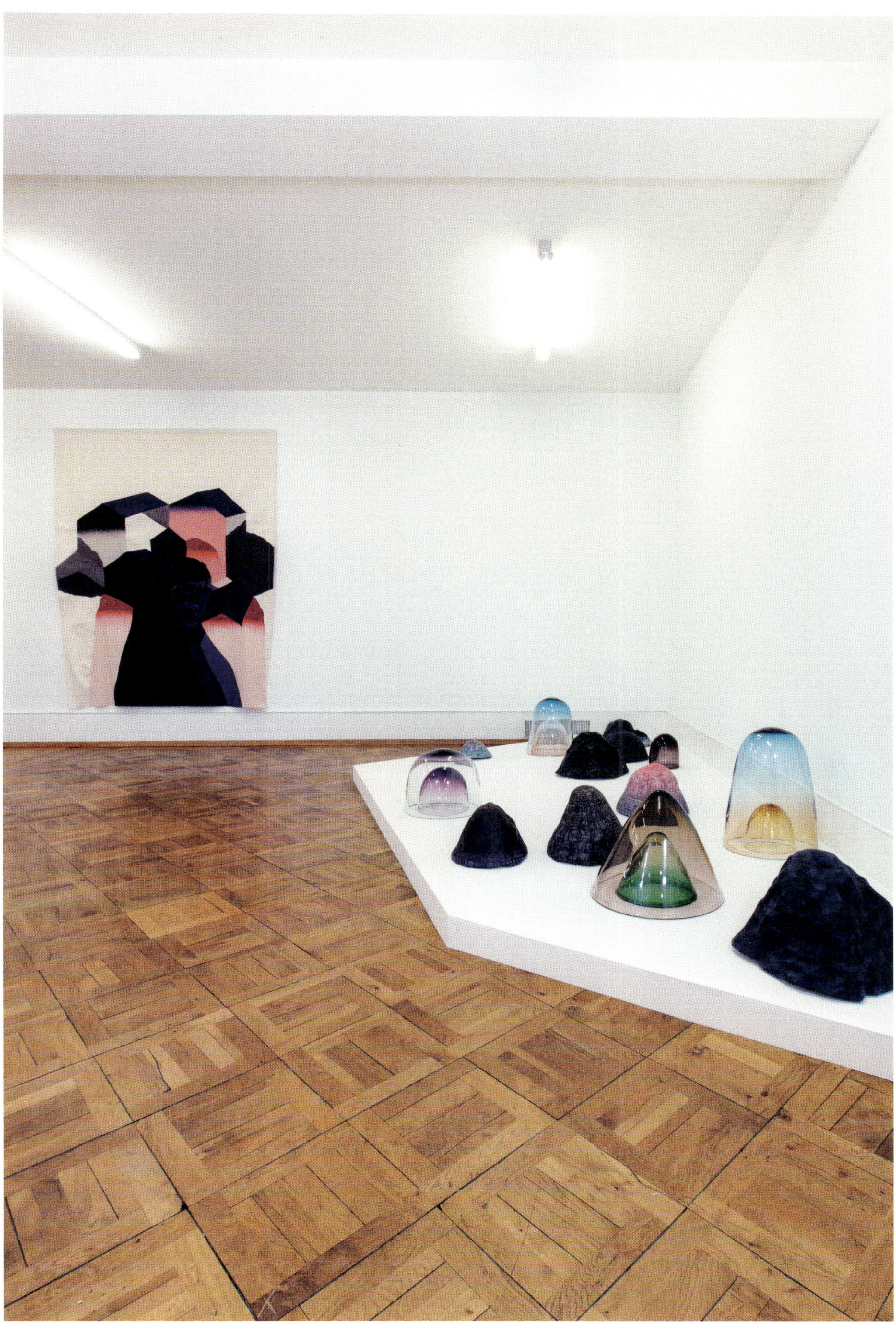

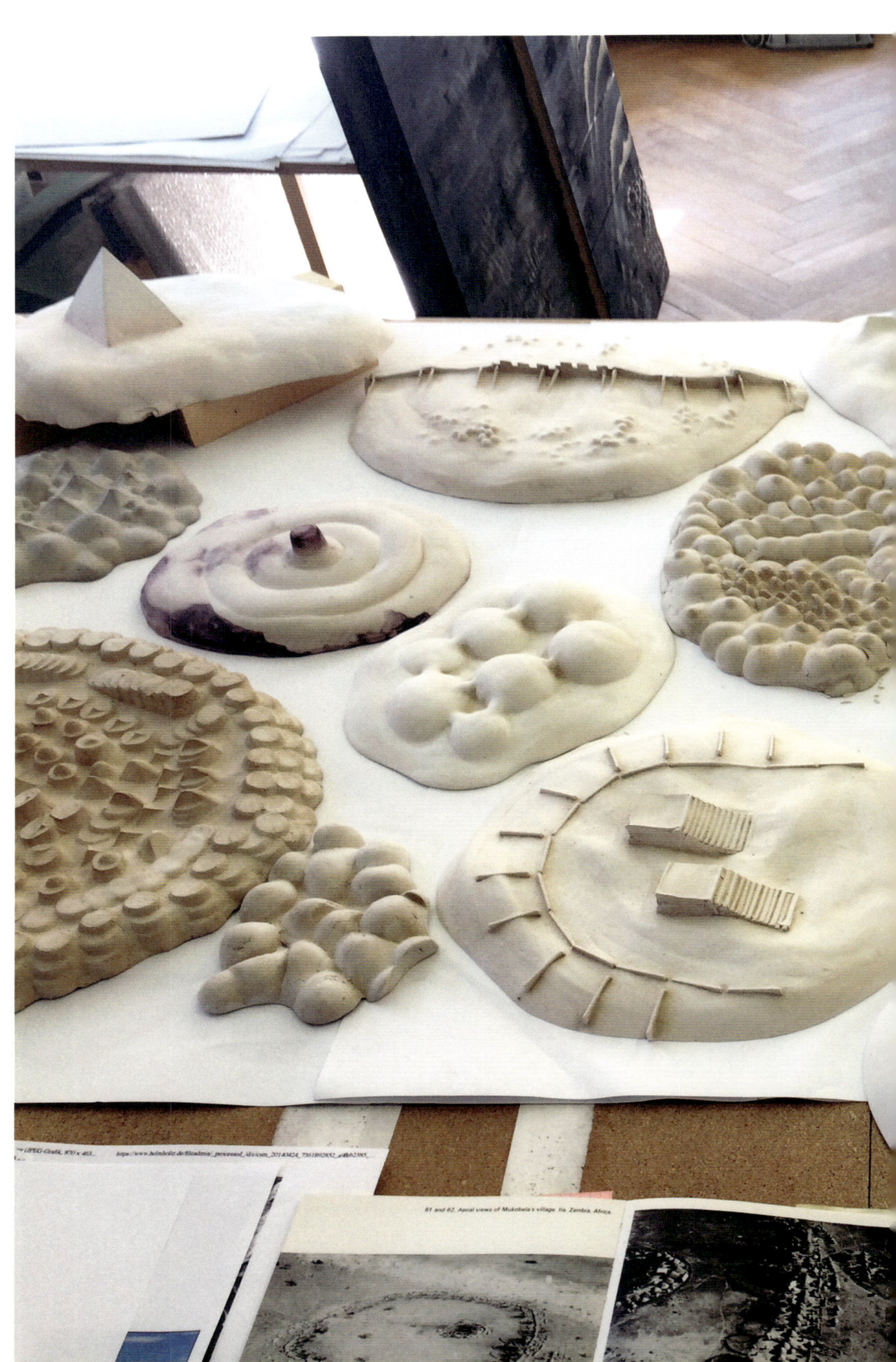
61 and 62. Aerial views of Mukobela's village. Ila, Zambia, Africa.

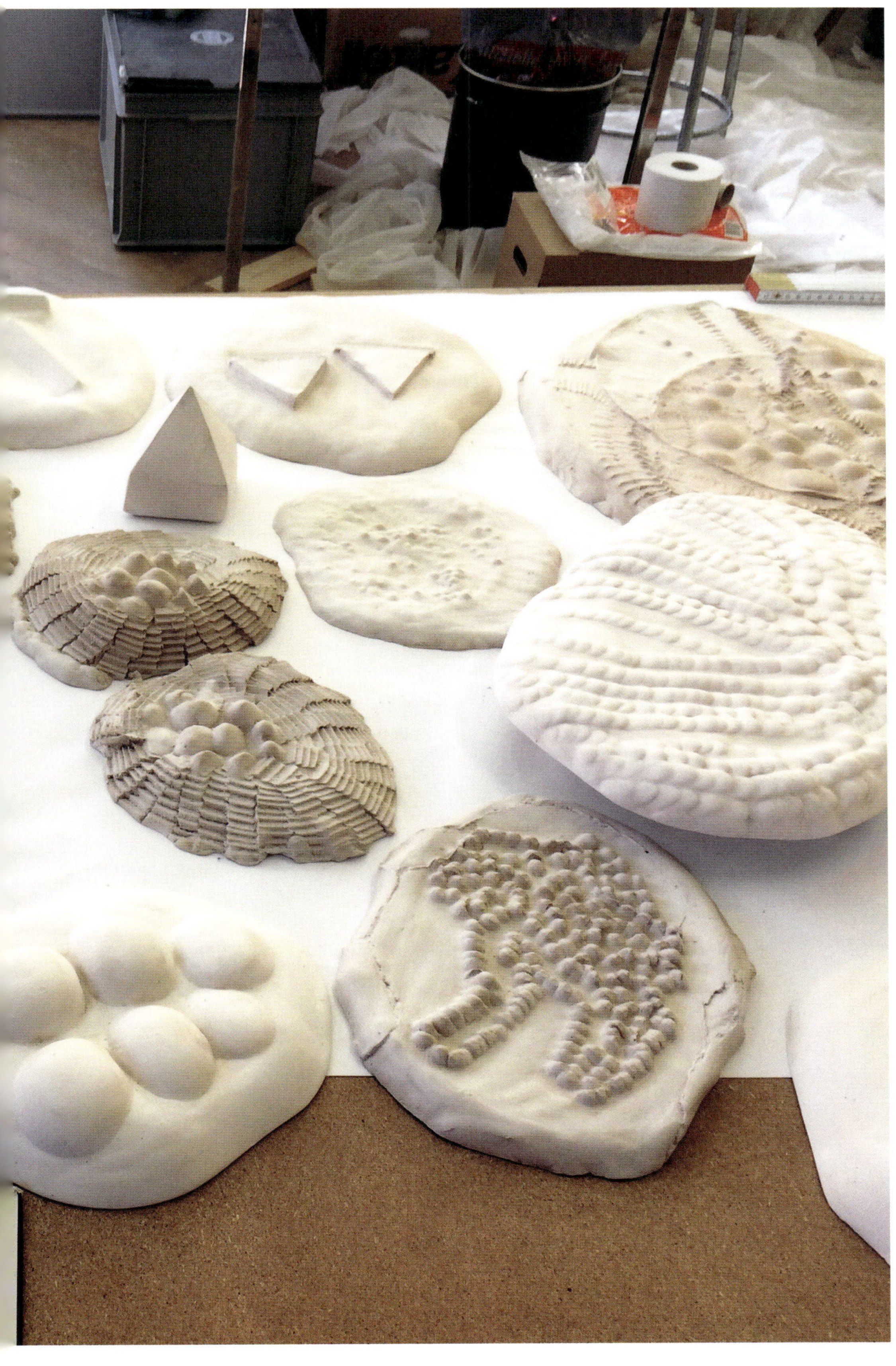

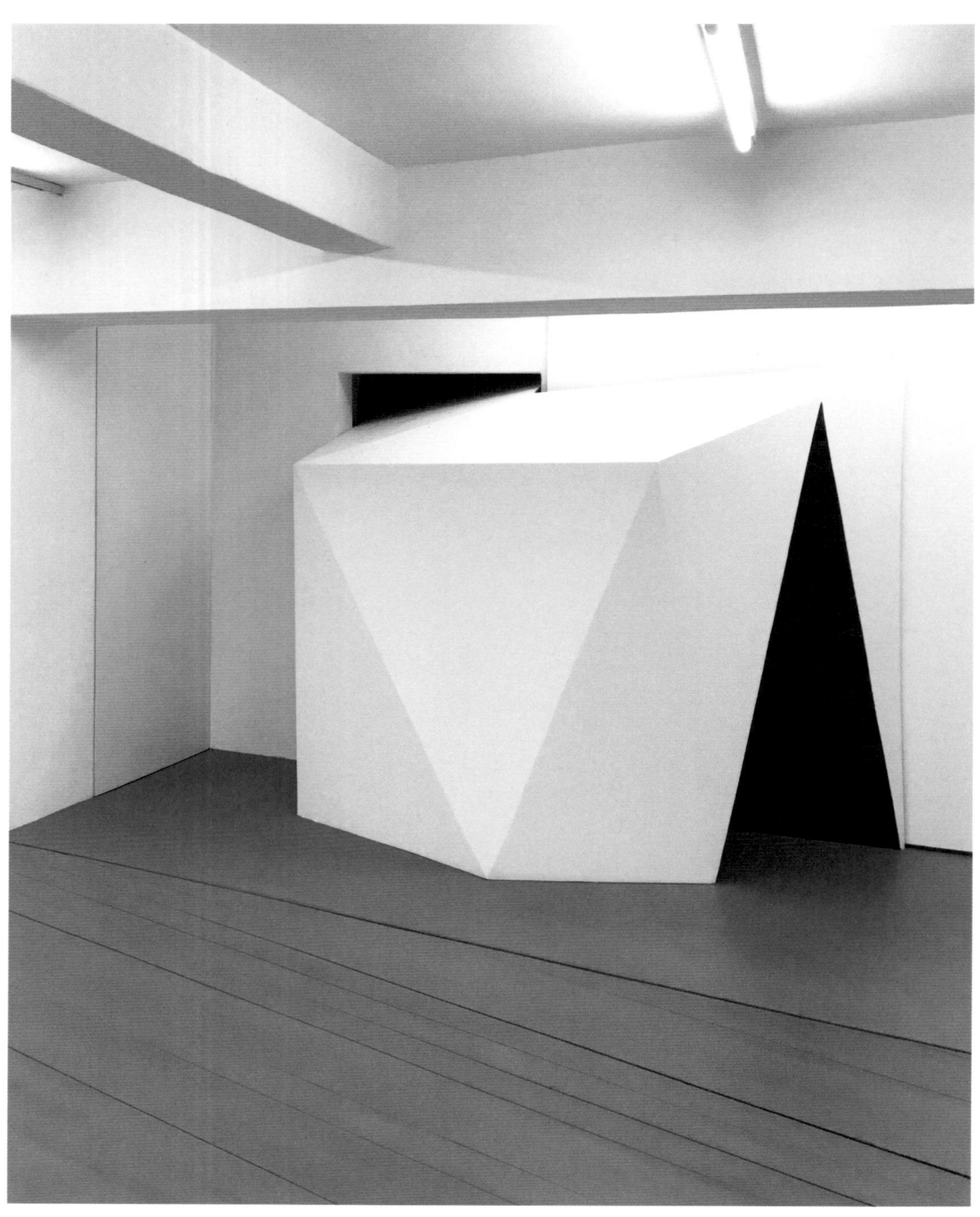

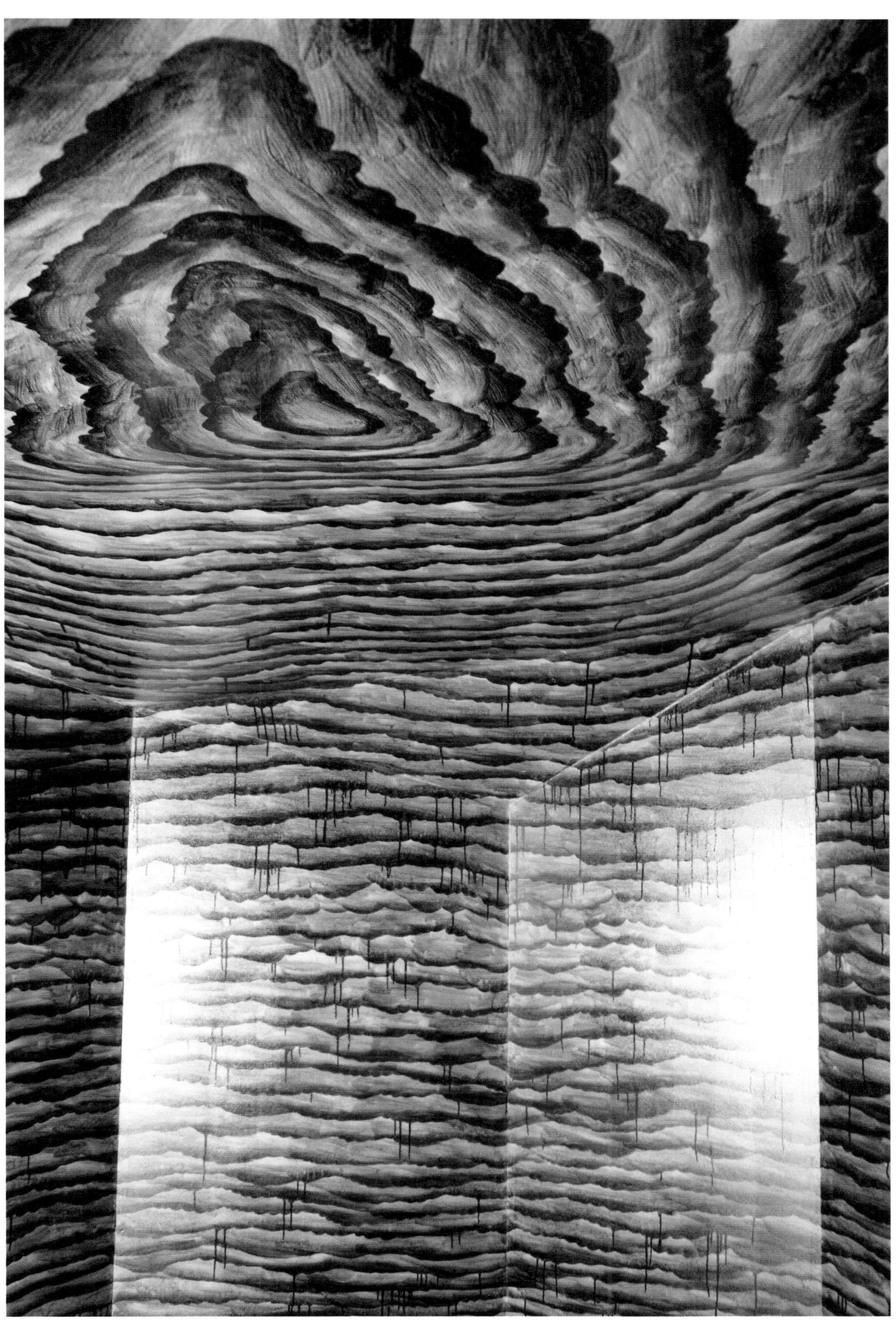

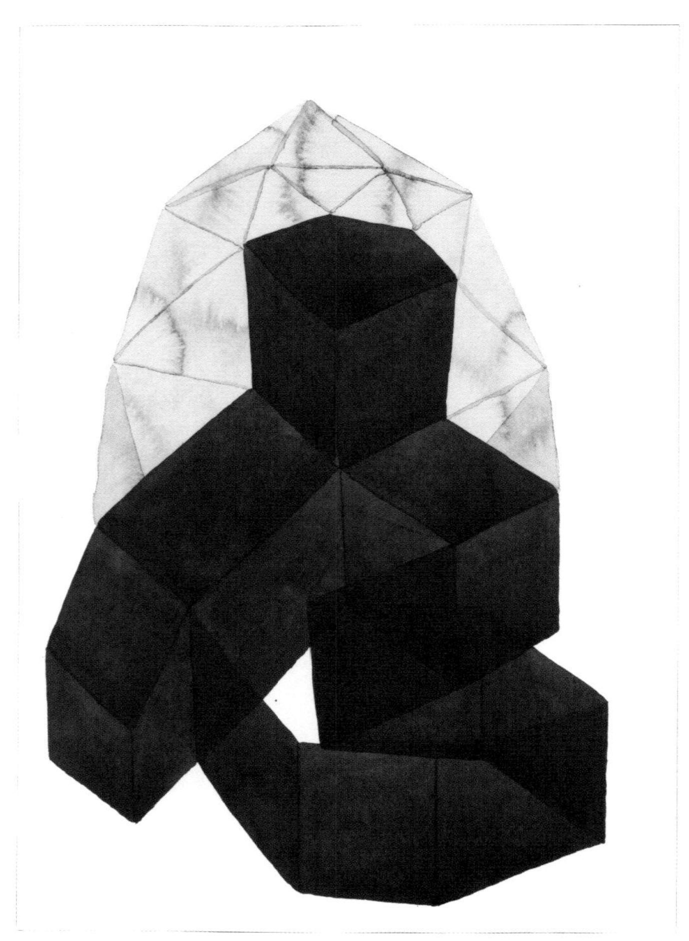

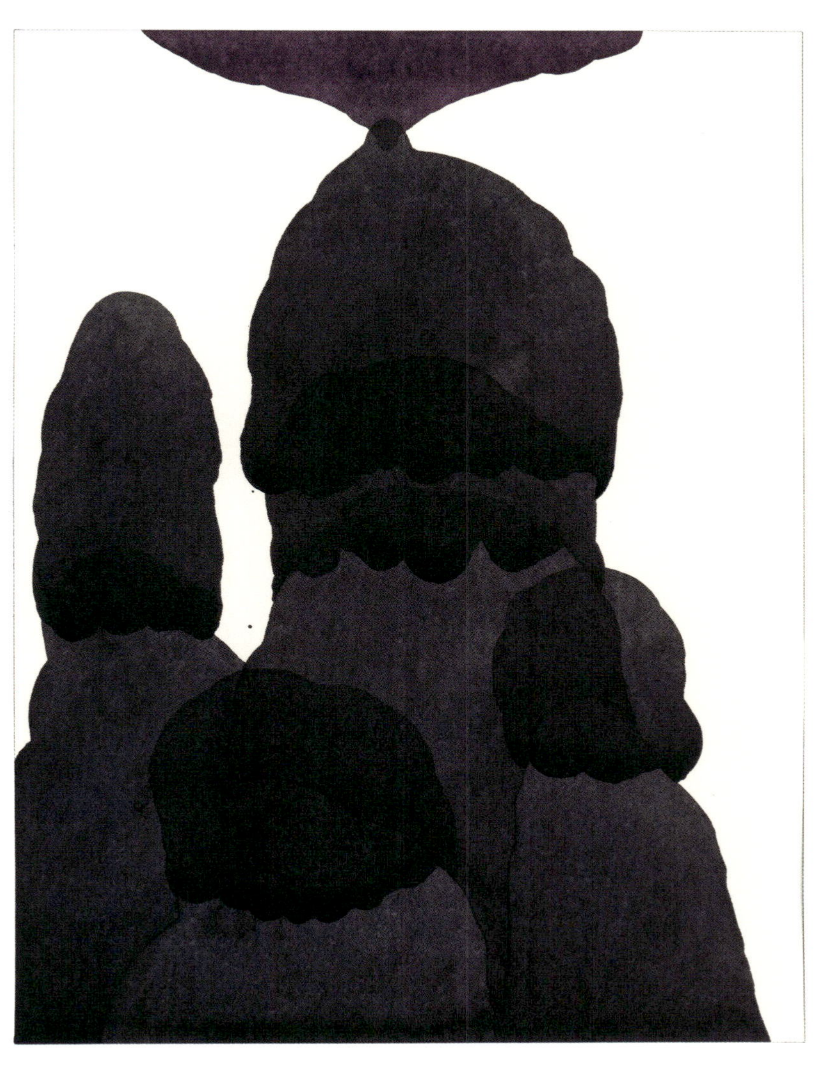

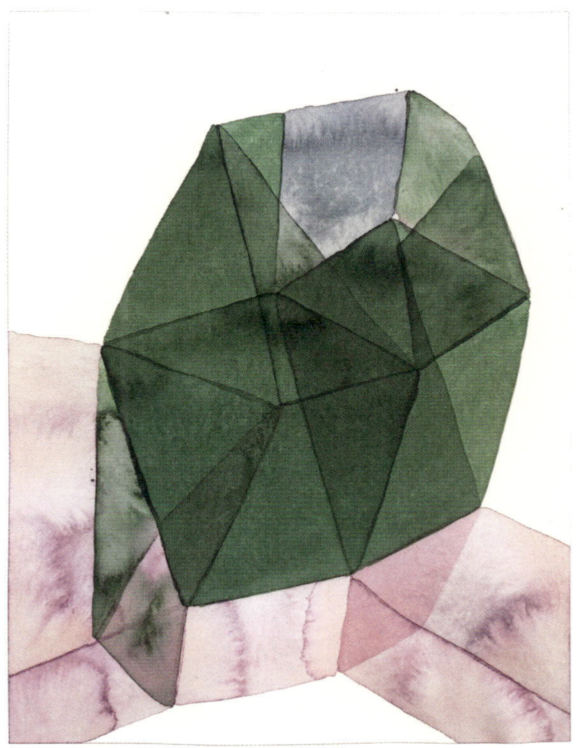

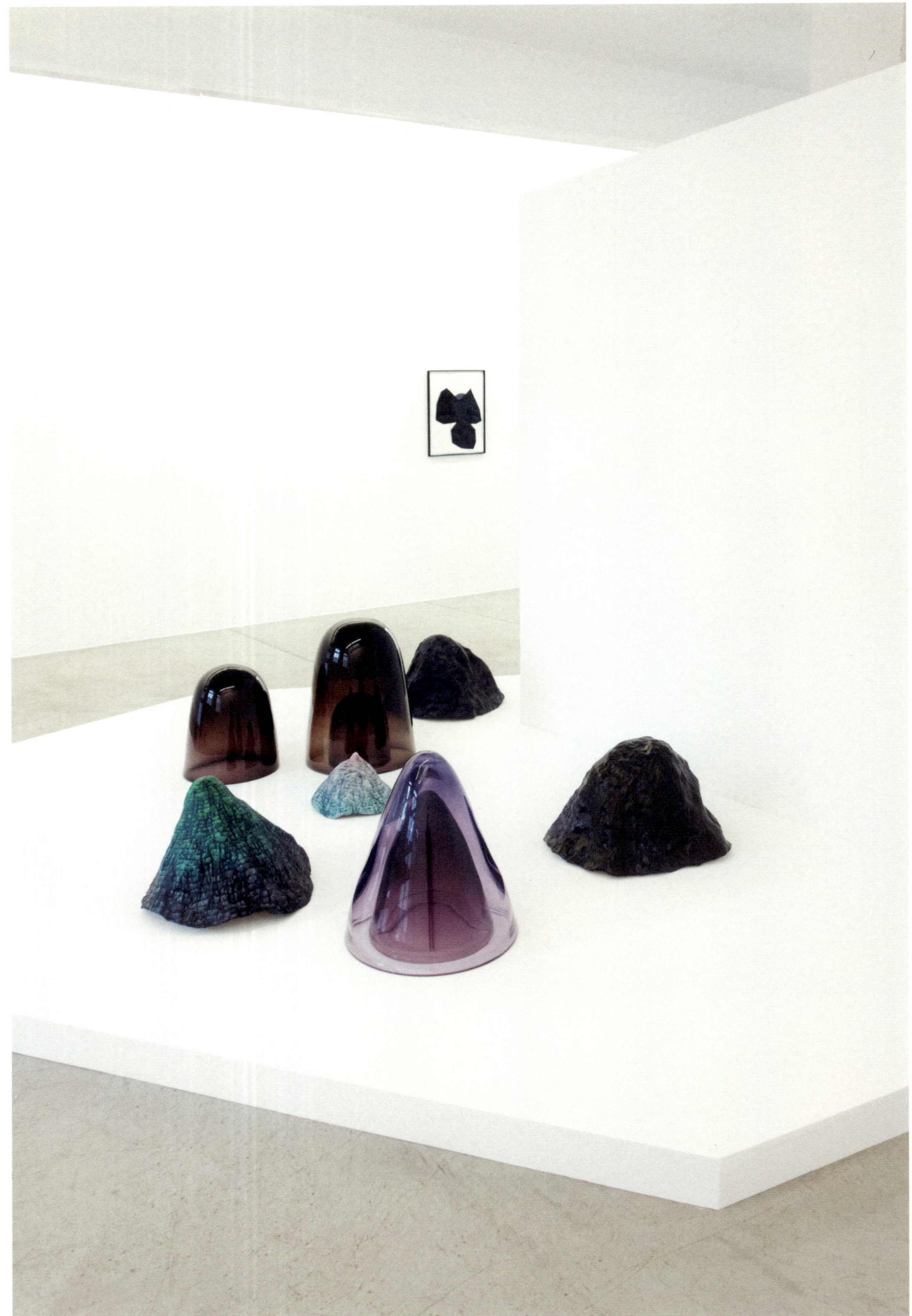

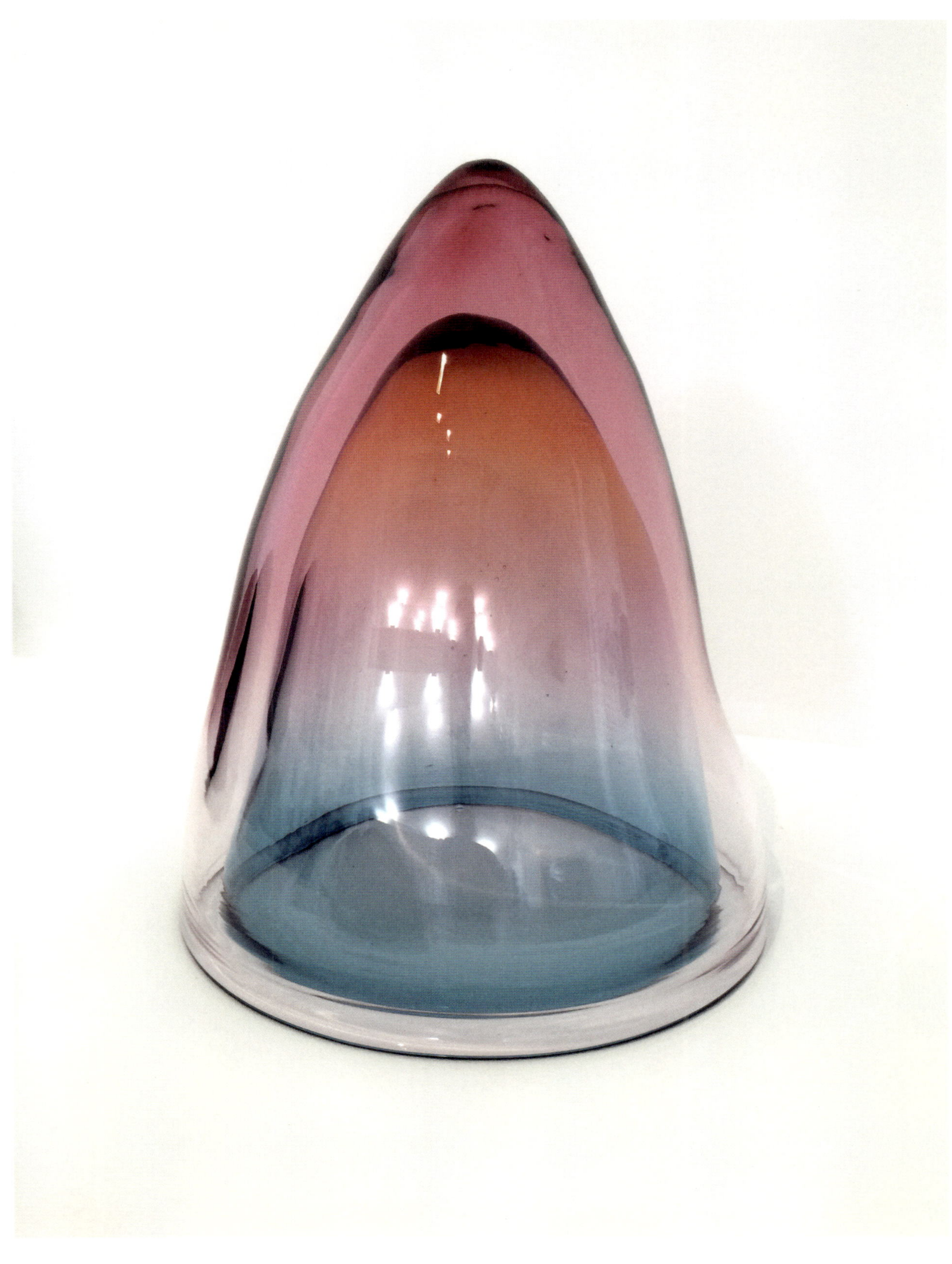

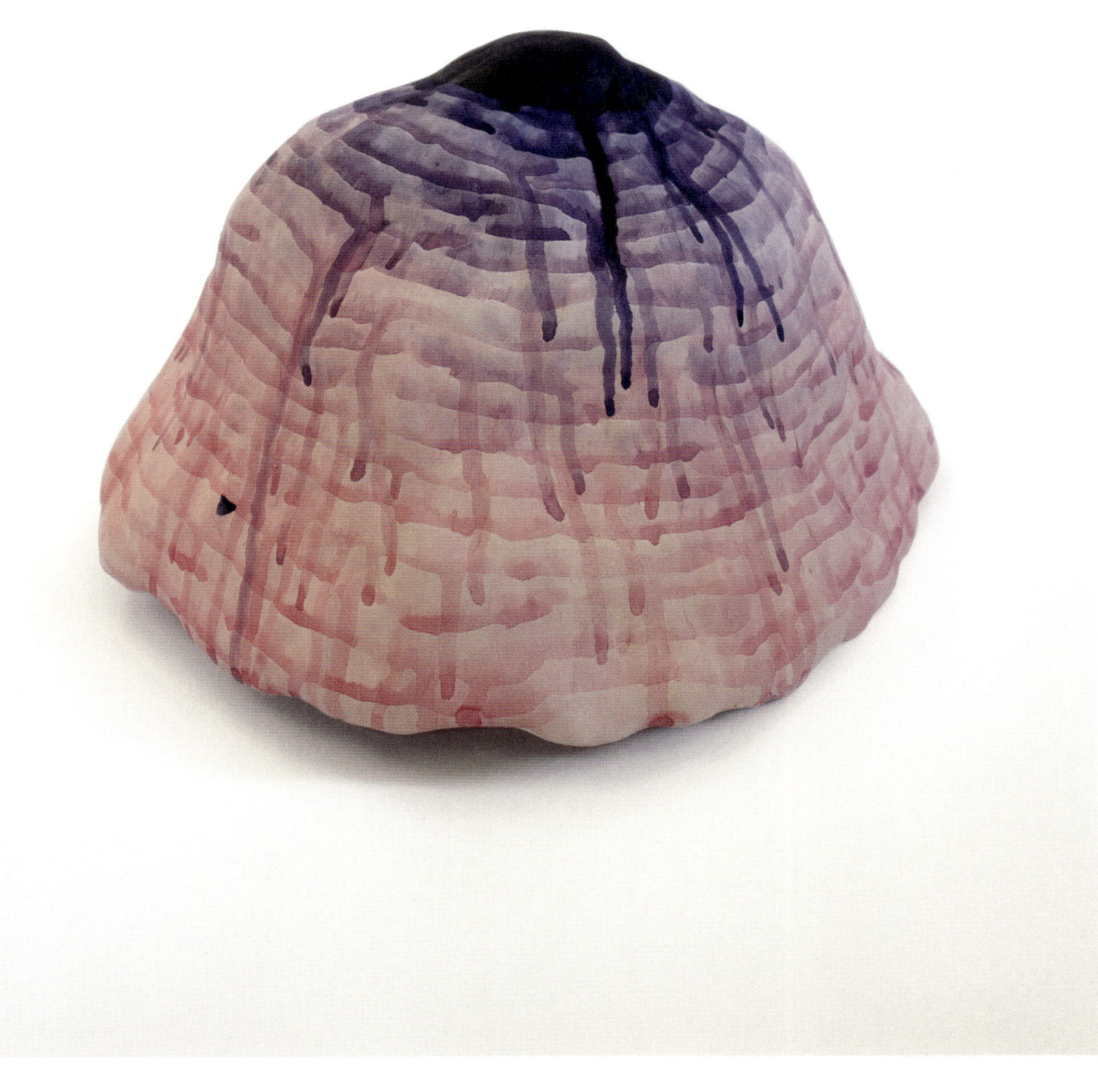

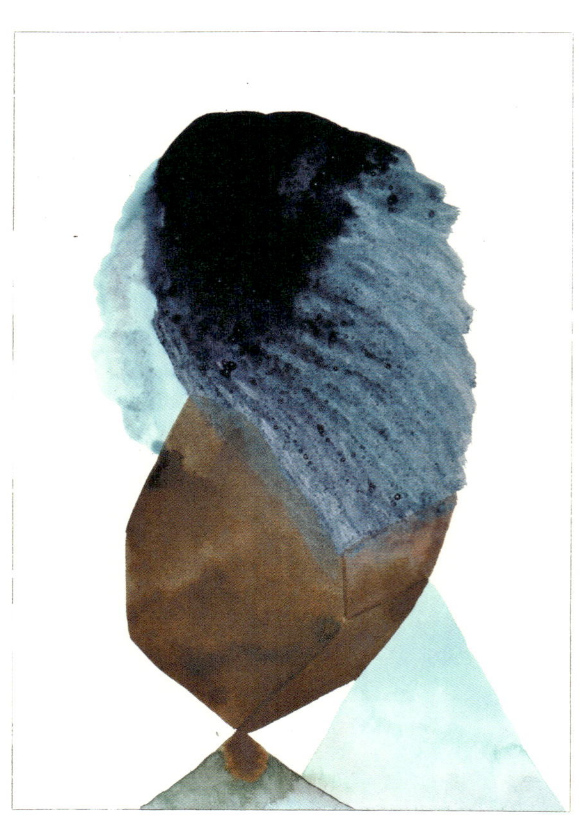 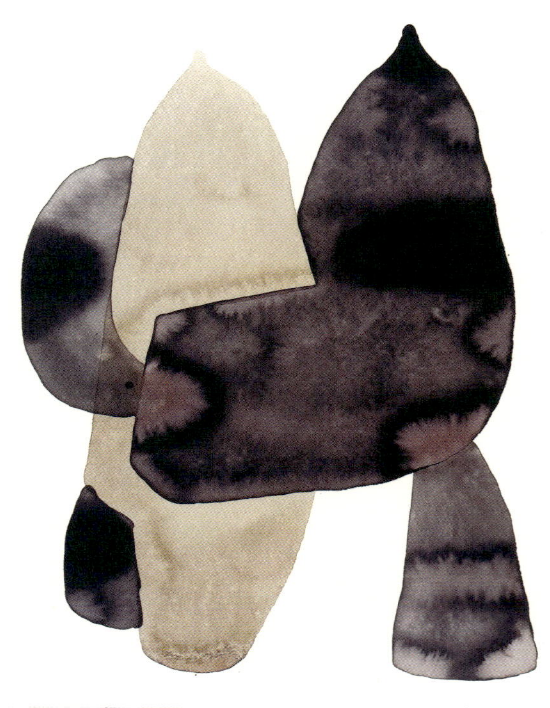

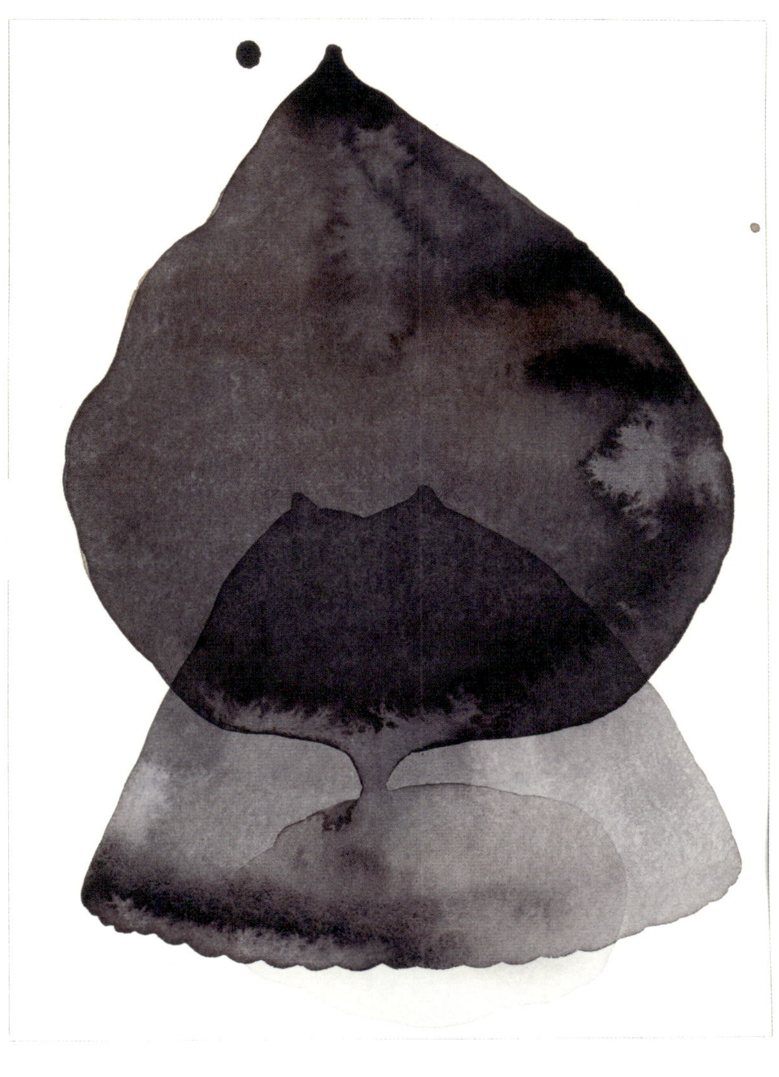
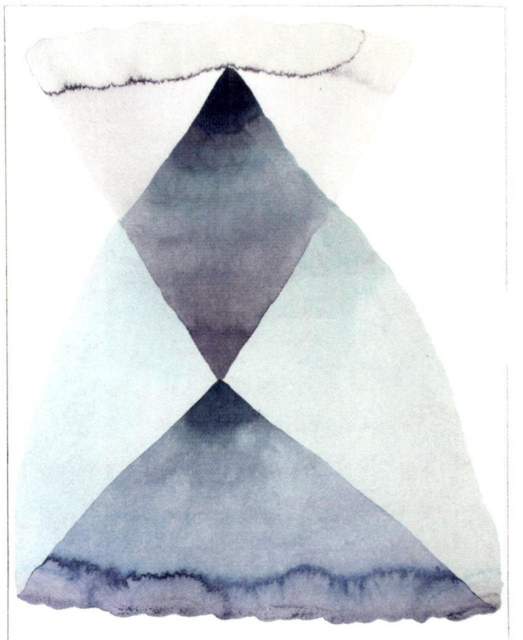

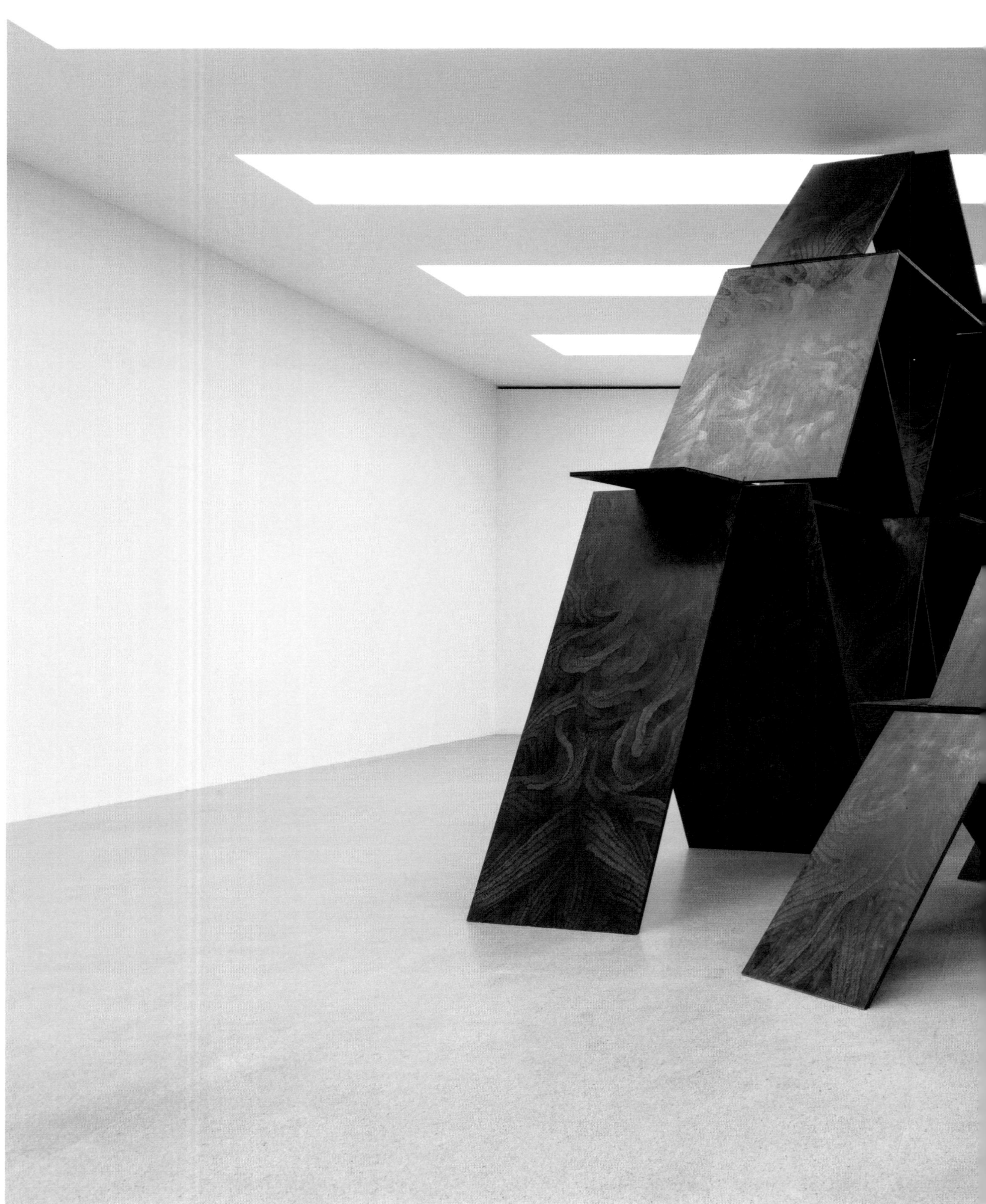

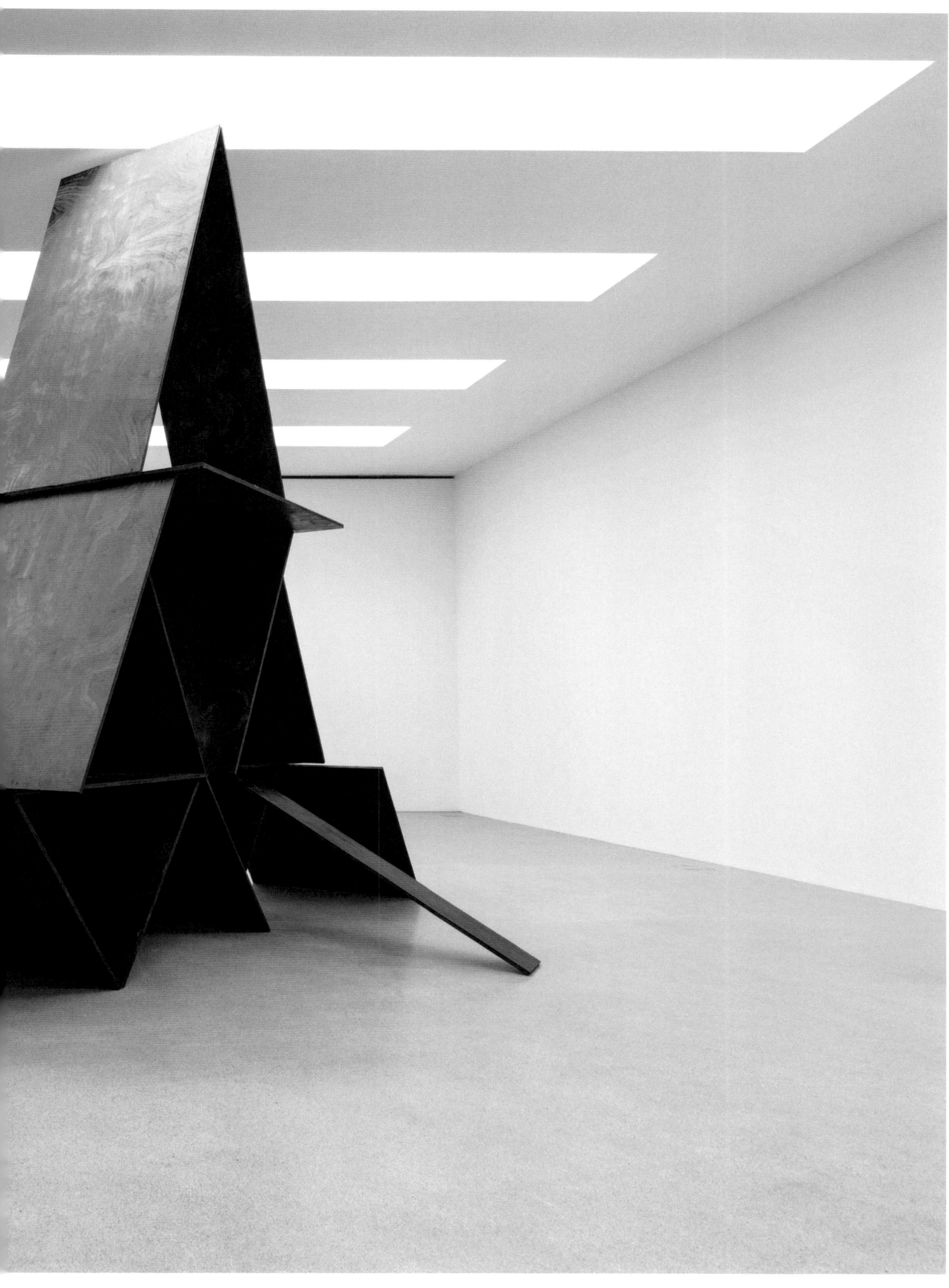

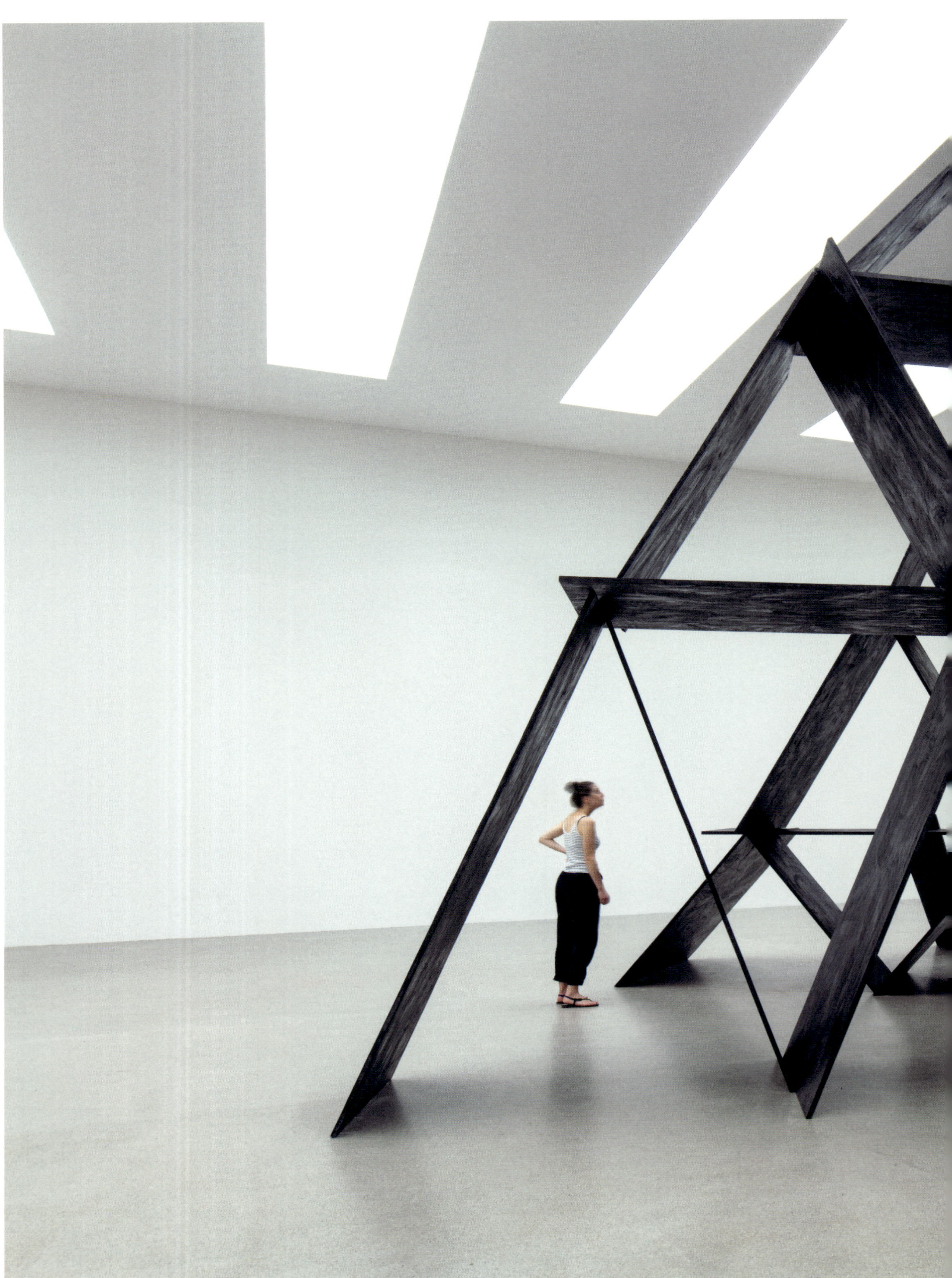

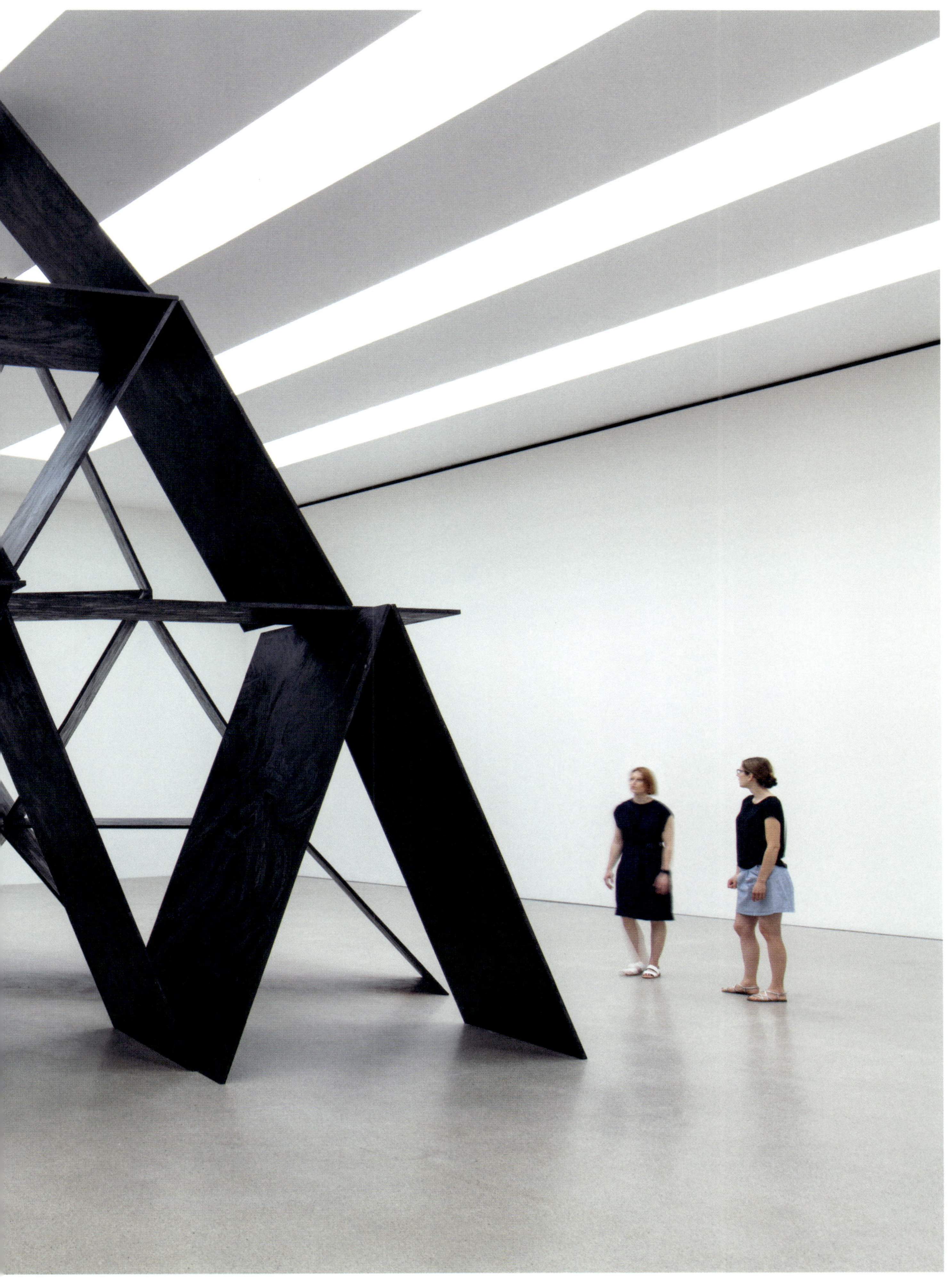

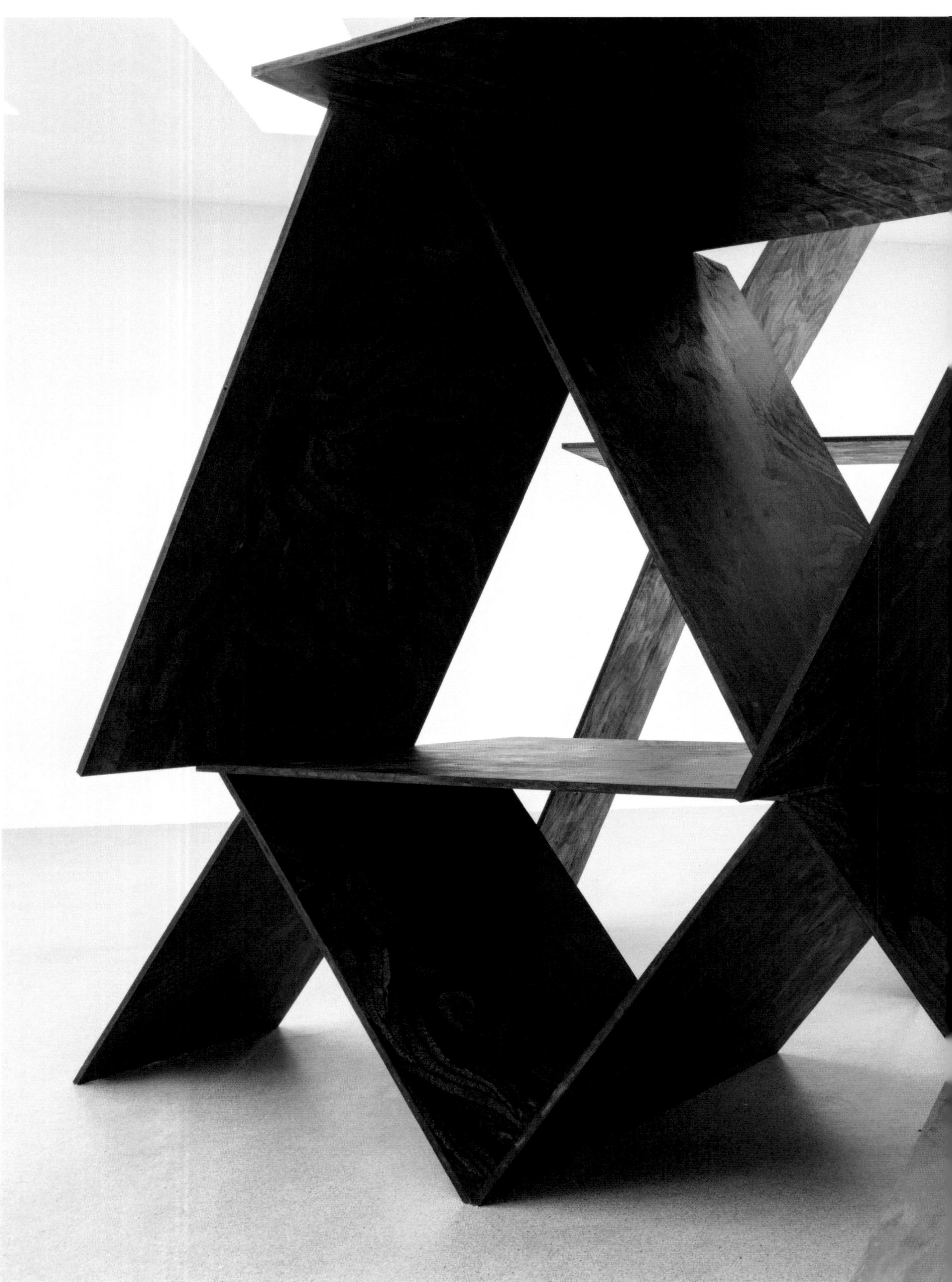

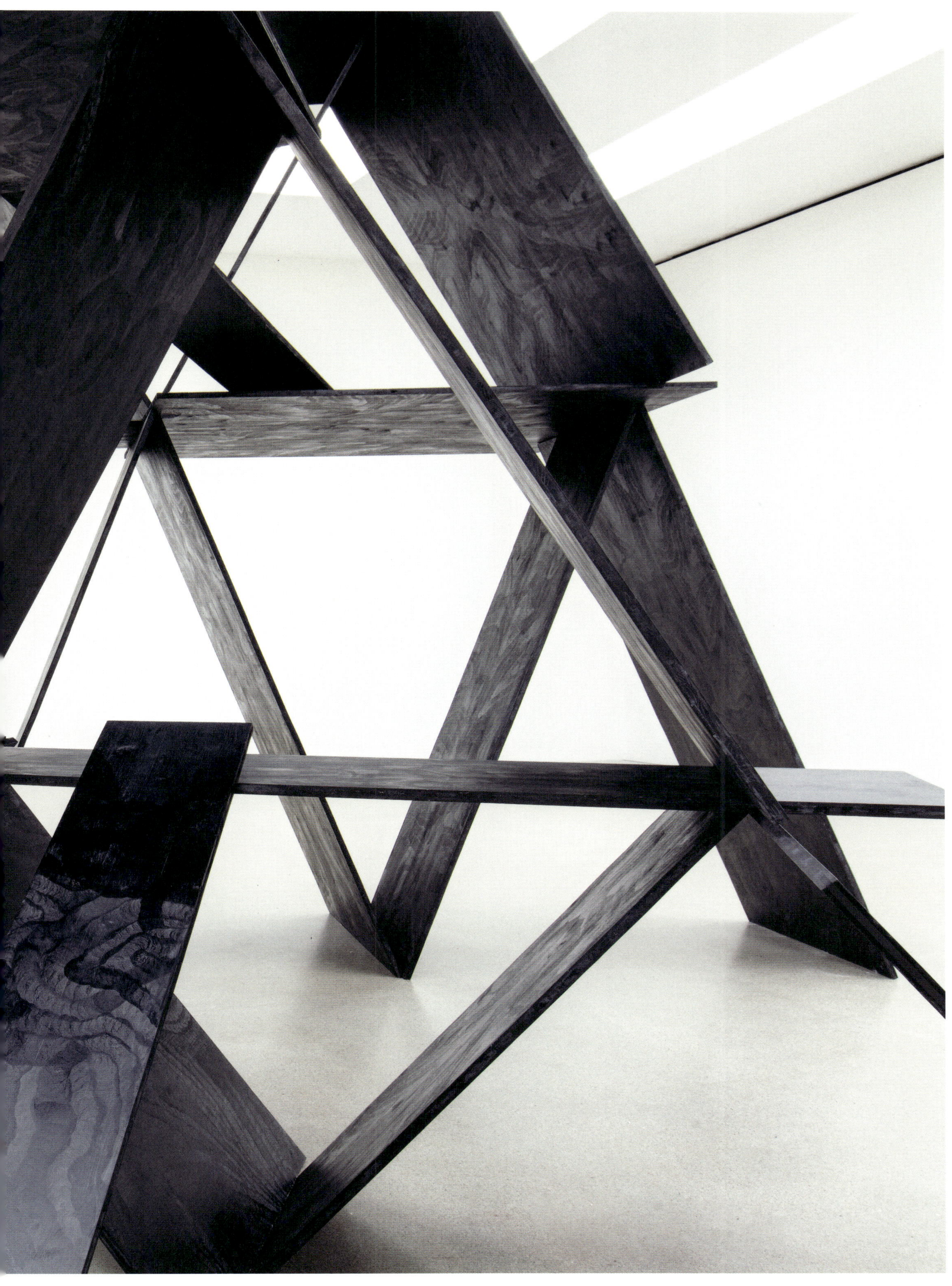

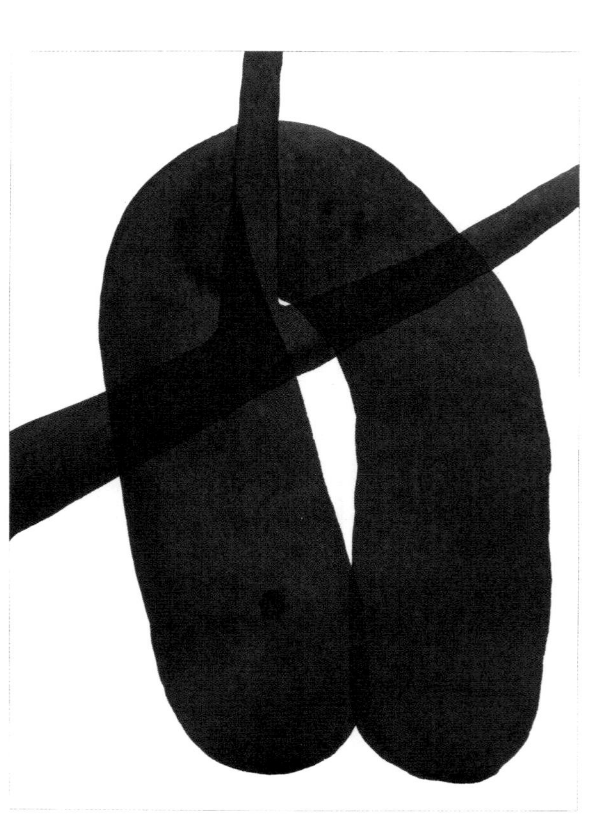

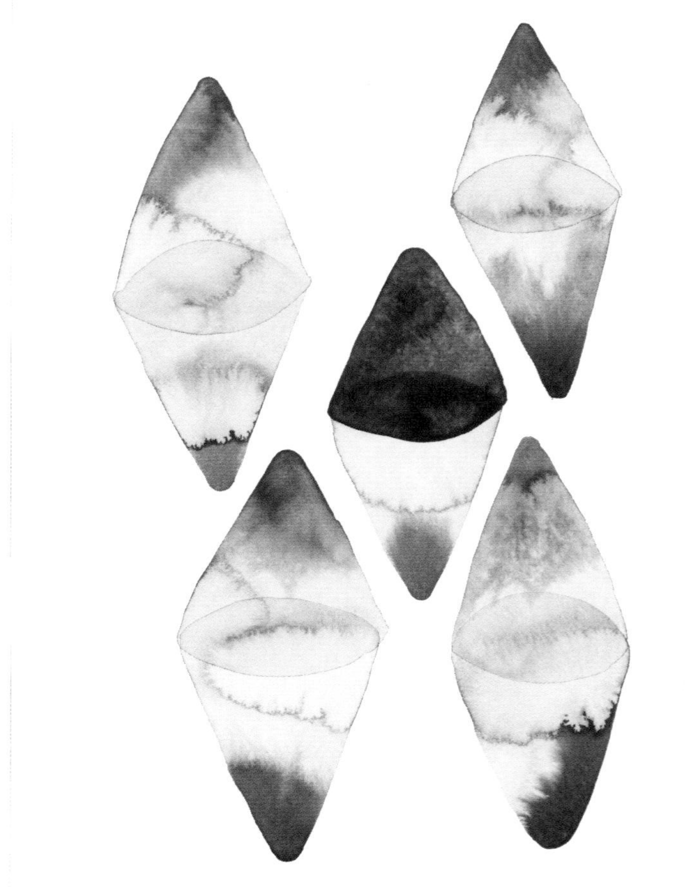

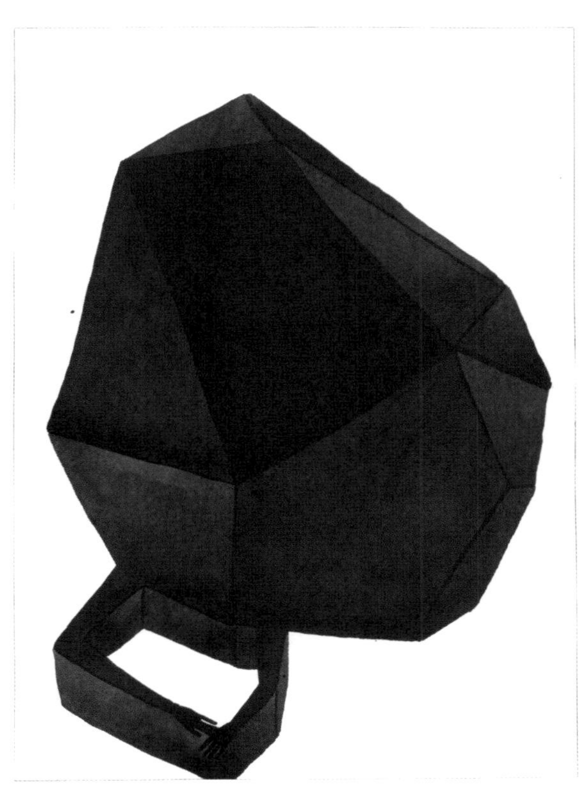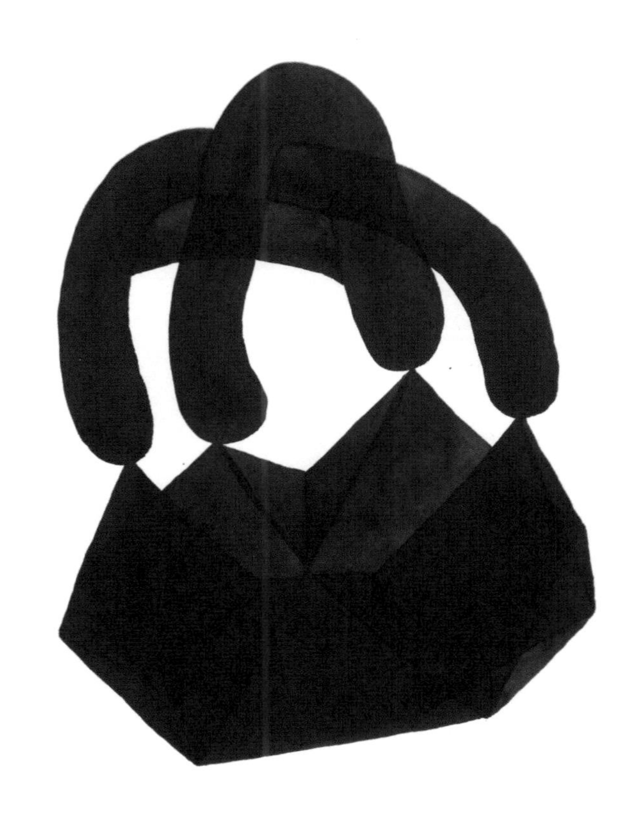

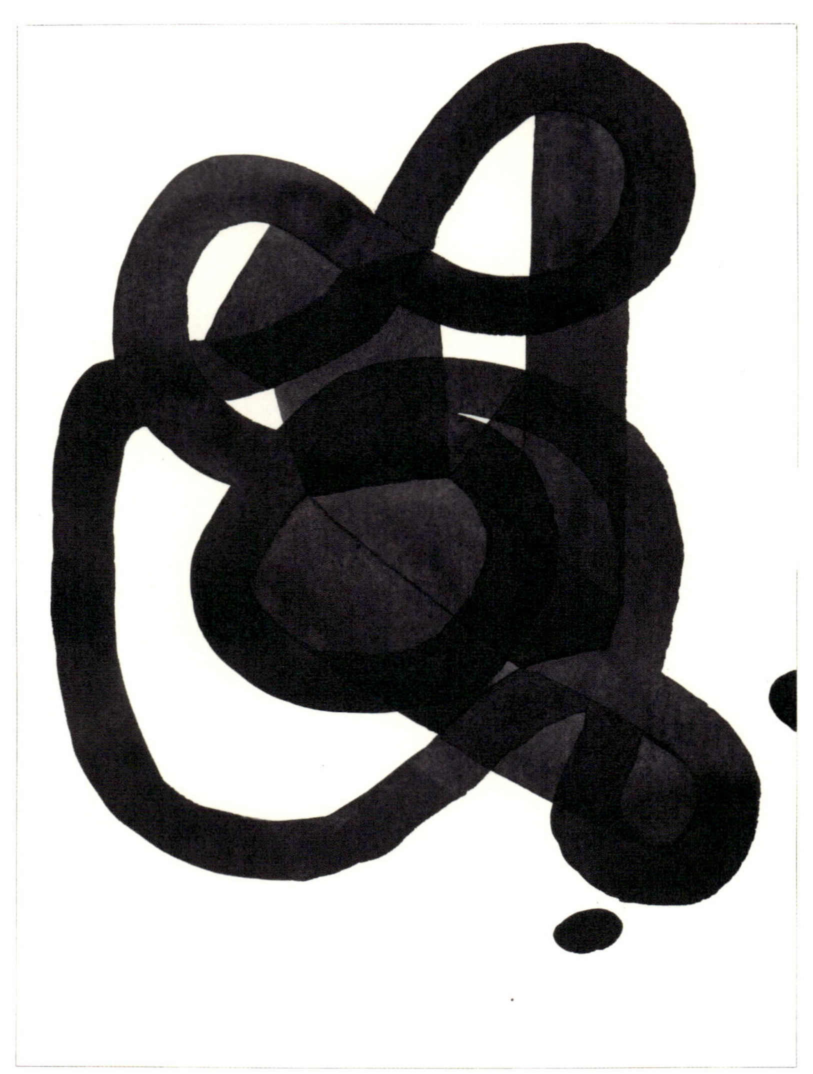

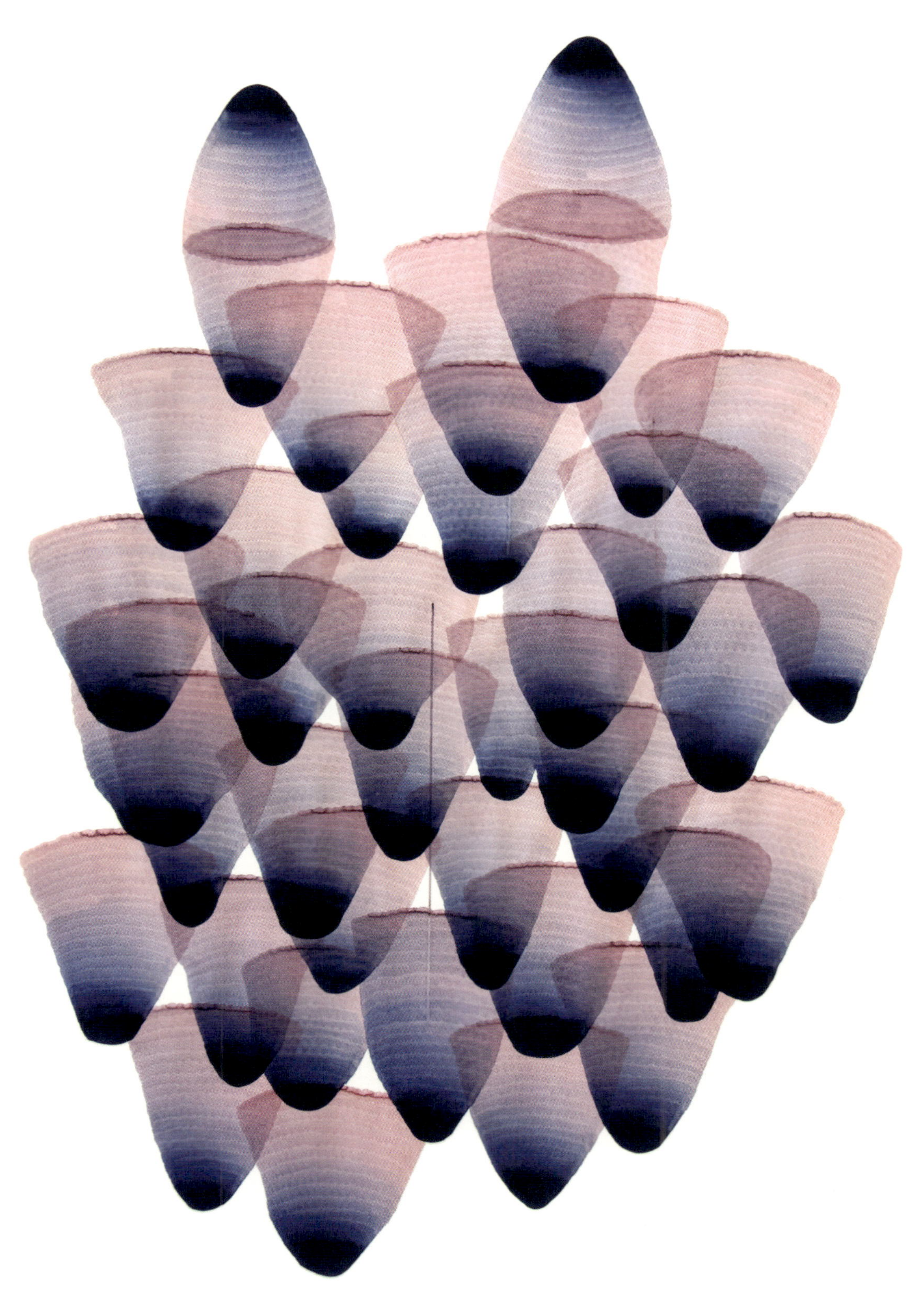

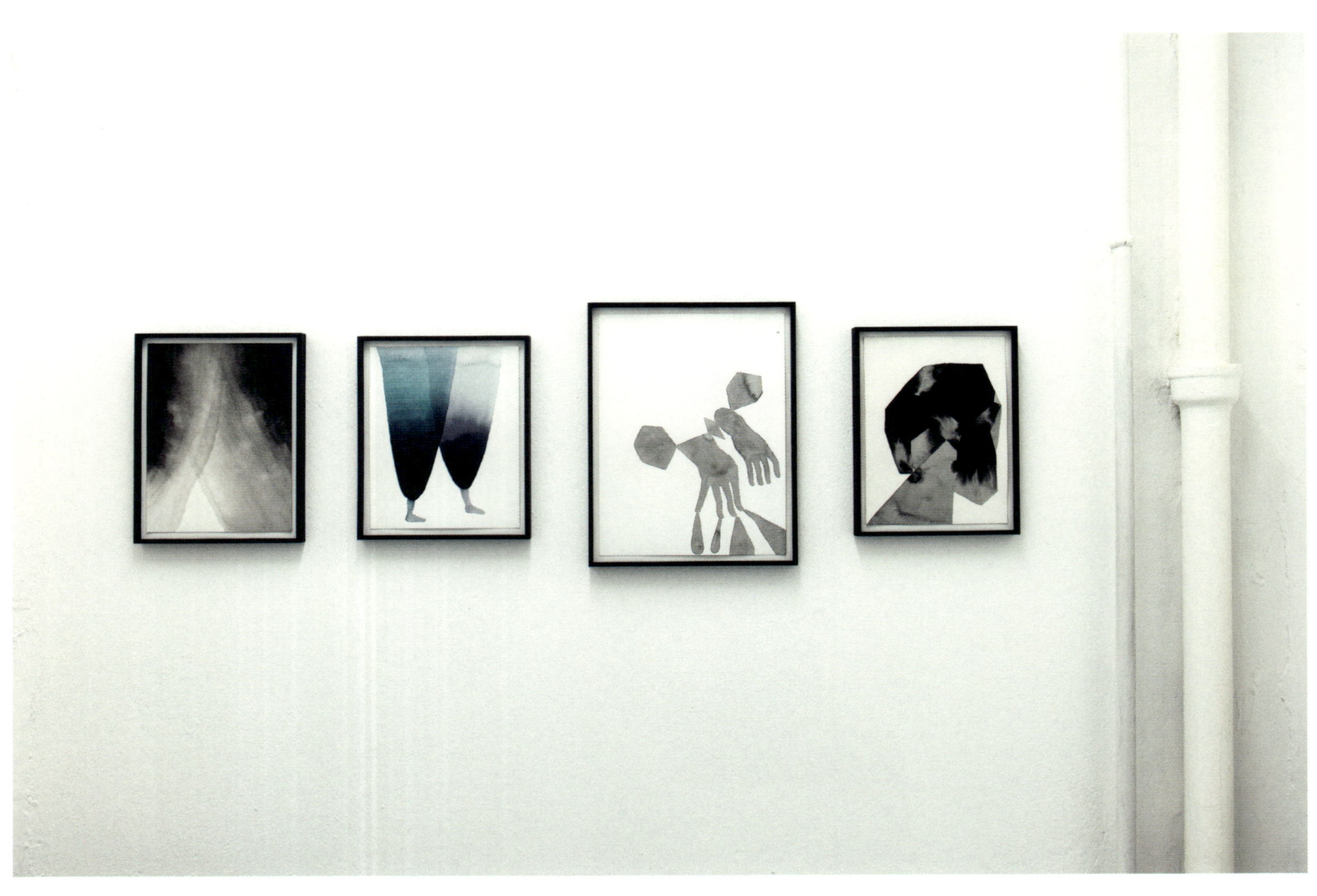

Kunsthaus Centre d'art Pasquart
Verlag für moderne Kunst

Andrea
Heller

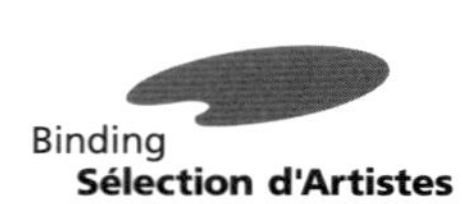

Im Gespräch mit
Andrea Heller

Felicity Lunn

Felicity Lunn — In dieser umfangreichen Einzelausstellung zeigen wir deine neuen Arbeiten in einer Gegenüberstellung mit einer Auswahl älterer Werke. Die Medien, in welchen du seit dem Studienabschluss 2003 vor allem arbeitest, sind Malerei, Keramik, Glas und Gips. Jedenfalls bist du in der Schweizer Kunstszene vor allem für deine Tuschezeichnungen bekannt. Was sind hier die wichtigsten Eigenschaften von Tusche auf Papier?
Andrea Heller — Tusche oder auch Aquarell auf Papier ist eine sehr direkte Technik. Einmal aufgetragen, ist jeder Strich, jede Fläche gesetzt. Meist arbeite ich lasierend und male direkt Verläufe in Flächen, die hellste Farbe ist das Weiss des Papiers. Nur in ganz dunklen Flächen kann etwas verborgen werden.

— Wie beginnst du eine neue Zeichnung?
Meist erarbeite ich den Ablauf meines Vorgehens im Voraus, überlege mir, was ich für Voraussetzungen brauche für die Zeichnung. Dann hänge ich das Blatt entweder an die Wand oder ziehe es nass auf einem extra dafür gebauten Tisch auf. An der Wand entstehen Verläufe, auf dem Tisch Flächen mit Trocknungsringen. Ich habe Themen, aber kein fertiges Bild im Kopf. Die Papierarbeiten wachsen organisch oder architektonisch, aber ohne Plan, in kleinen Teilen, die sich dann zu etwas Grossem zusammenfügen.

— Sehr offensichtlich ist die Abwesenheit von Details in deinen Zeichnungen.
Genau, es gibt keine einzelnen Pinselstriche oder Punkte. Striche entstehen nur durch Überlagerungen von Flächen. Das Bild ist immer das direkte Resultat technischer Vorgänge.

— 2018 hast du angefangen, auch auf Stoff grossformatige Zeichnungen zu malen, die du zum ersten Mal in dieser Ausstellung zeigen wirst. Warum wolltest du mit diesem Material arbeiten?
Die Struktur, die Textur des Stoffes ist für mich sehr anziehend und die daraus resultierenden Zeichnungen sind objekthafter und körperlicher. Stoff ist auch ein Material, das uns im Alltag in unterschiedlicher Form oft umgibt und daher auch anders konnotiert ist als Papier. Sehr bald habe ich bemerkt, dass die Farben noch mehr Leuchtkraft haben auf diesem Untergrund.

— Bei den Stoffarbeiten ist deine Palette umfangreicher geworden, nicht wahr? Du scheinst eine grössere Auswahl an Farben – dunkle, starke wie auch hellere Farben – zu verwenden. Du probierst hier auch neue und komplexere abstrakte Formen aus. Kommt diese Entwicklung durch die anderen Möglichkeiten mit Stoff im Vergleich zu Papier? Haben sich deine Themen bei diesem neuen Material geändert?
Die Themen haben sich nicht unbedingt verändert, ich verfolge und behandle sie immer wieder anders und differenzierter. Farblich habe ich andere Möglichkeiten auf der rohen Baumwolle, die ich teilweise wie das Papier bemale, teilweise fast eher einfärbe. Auch kann ich viel dichter schichten und übermalen oder mit Nass-in-Nass-Kombinationen spielen.

— Du hast mehrere Themen, die in deiner Arbeit immer wieder zurückkehren. Welche sind für dich die wichtigsten?
Etwas, was mich immer wieder beschäftigt, sind die Wahrnehmung eines Ortes und dessen Fragilität, auch Konstruktionen – physisch gebaute, aber auch gedankliche. Die Stoffarbeiten beispielsweise habe ich ursprünglich als Flaggen für unspezifische Orte gedacht, die nur in meinem Kopf existieren, Orte, an denen ich in Gedanken oder im Traum war. Dem Unvermögen, einen Traum nachzuerzählen, kommt das Nachzeichnen eines solchen Ortes gleich. Jedoch transformiere ich hier den unspezifischen in einen existierenden, scheinbar gebauten Raum, was sich in den Titeln dieser Serie widerspiegelt. Insofern ist es auch ein Nachdenken über Illusion und Vergänglichkeit.

— Wie planst du, diese neuen Werke in der Ausstellung zu zeigen?
Ich zeige sie direkt an der Wand – wie Vorhänge oder Wandteppiche. In einem der Räume werden sie mit einer Installation aus Glas- und Keramikobjekten kombiniert. Beide Serien haben einen starken handwerklichen Charakter.
Das Handwerkliche hat einen zentralen Platz in meiner Arbeit, denn es leitet mich immer zu einem Medium. Meine Herangehensweise ist nicht akademisch, das heisst, ich beschäftige mich wenig mit theoretischen Fragen zur Malerei. Ich finde das Medienspezifische eher einengend. Ich arbeite eigentlich recht intuitiv; tatsächlich ist die Intuition für mich wie ein Werkzeug, das ich bewusst verwende, um meine eigene Sprache zu verfeinern.

— Du hast von gebauten Räumen gesprochen. Wie geht es damit weiter in deiner Arbeit?
In deren Verhältnis zum Körper, aber auch deren Dekonstruktion und Bedrohung. Rauch und Wolken, die körperhaften Gebilde faszinieren mich in ihrer Immaterialität. Die Zusammensetzung eines Ganzen aus einer Unmenge an Kleinstpartikeln ... Cluster ... Unterschwellig spielt die Bedrohung der Existenz eine Rolle.

— Manchmal wirken deine Bilder, vor allem die kleinformatigen Zeichnungen, gar nicht bedrohlich, sondern eher

*zuerst schön, sogar lieblich. Ist dies eine Strategie, um
den Betrachter in den ersten Sekunden zu verführen?*
In den meisten Werken gibt es nebst dieser ästheti-
schen Verführung ein Irritationsmoment, einen Bruch.
Solche Brüche und Kontraste sind mir wichtig und
ziehen sich durch alle Themen in meiner Arbeit. Sie
machen eine mehrschichtige Lesbarkeit möglich.

—*Welche Rolle spielt das Modell in deiner Praxis?*
Der Modellcharakter meiner Arbeit ist sehr präsent
und wichtig. Die Werke sind modellhaft zu verstehen,
da sie nichts Reelles abbilden, sondern auf etwas
verweisen, das ausserhalb liegt. Während meines
Kunststudiums habe ich Kleidungsstücke und Schuhe
als nicht funktionierende Attrappen hergestellt,
die für mehrere Sachen stehen konnten. Die neuen
Gipsobjekte aus der Serie *Terrain vague* haben eine
vielschichtige Modellfunktion; sie erinnern sowohl an
Anatomie-Modelle aus dem Schulunterricht, wo
man Bauchdecke, Gedärme, Geschlechtsorgane u. a. m.
auseinandernehmen konnte, als auch an Land-
schaftsbilder aus der Luft, Modelle mikroskopischer
Krankheitsbilder oder Sedimente.
Die Glas- und Keramik-Objekte der Werkserie *Magnitude* zeigen modellhaft eine Vulkanlandschaft.
Darauf verweist der Titel, denn Magnitude ist u. a. die
Masseinheit zur Messung der Stärke eines Vulkanaus-
bruches. Die übereinandergestülpten, farbigen Glas-
glocken und die kuppelartigen Keramiken könnten
aber auch weibliche Brüste sein. Ich interessiere mich
für die archaische Form von Brust, Vulkan, Pyramide,
Behausung, die in meinen Zeichnungen immer wieder
dargestellt und untersucht wird.

—*Wie gehst du mit dem Raum in deiner Ausstellung um?*
Ich wollte unbedingt die Salle Poma – den grossen
Kubus im Kunsthaus mit einer Fläche von 365 m² und
einer Höhe von 5,80 m – bespielen, um das enorme
Volumen auszuprobieren. Seine schlichte Masse umgibt einen, sodass man die eigene Fragilität vis-à-vis
der Schwere vom Raum spürt. Ich wollte etwas dieser
Masse gegenüberstellen, das selbst imposant und
brutal, aber auch zerbrechlich wirkt.

—*Was bedeutet der Titel?*
L'Endroit de l'envers kann nicht direkt übersetzt werden,
heisst aber etwa «Der Ort des Verkehrtseins». Es
ist ein umgekehrter Ort, wo es kein Hinten und kein
Vorn gibt und sich der Standpunkt immer wieder
verändert. Beim Eintreten in den Saal wird man mit
einer schrägen verschlossenen Wand konfrontiert;
erst beim Herumgehen öffnet sich die Struktur.
Die Besucher können auch unten- und zwischendurch
gehen. *L'Endroit de l'envers* steht in einer engen
Beziehung zu den Gipsarbeiten, die auch für diese

Ausstellung entstanden sind. Gewisse sind modell-
hafter als andere, da sie Architekturelemente,
wie Observatorien, Treppen oder Mauern aufweisen.

—*Oder sind Echos der abstrakten Skulptur der 1950er
und -60er Jahre…*
Das stimmt. Der Mensch ist in dieser Arbeit abwesend
und doch allgegenwärtig.
Der Betrachter, die Betrachterin kann in vielen der
Gipsobjekte imaginär herumgehen, andere – beispielsweise die Muschelformen – lassen einen aussen
vor. Der Gips ist teilweise von Tusche eingefärbt und
die Objekte sind unterschiedlich glatt. In dieser
pseudo-wissenschaftlichen Auslegeordnung in der
langen Vitrine werden die Objekte fast zu einer Art
Aneinanderreihung tagebuchartiger Fundstücke einer
Reise.

En conversation avec
Andrea Heller

— Felicity Lunn : Dans cette vaste exposition individuelle, nous montrons tes nouveaux travaux aux côtés d'une sélection d'œuvres antérieures. Les supports que tu privilégies depuis que tu as achevé tes études, en 2003, sont la peinture, la céramique, le verre et le plâtre. Quoi qu'il en soit, le milieu artistique suisse te connaît avant tout pour tes dessins à l'encre de Chine. Quelles sont, en l'occurrence, les principales caractéristiques de l'encre de Chine sur papier ?
Andrea Heller : L'encre de Chine, ou encore l'aquarelle sur papier, est une technique très directe. Une fois appliqués, les traits et les surfaces sont fixés. La plupart du temps, je travaille au moyen d'effets voilés, et je peins des dégradés directement dans les surfaces ; le blanc du papier constitue la couleur la plus claire. Seules les surfaces très sombres peuvent dissimuler quelque chose.

— Comment débutes-tu un nouveau dessin ?
En général, je détermine ma façon de procéder à l'avance, je m'efforce de définir les conditions dont j'ai besoin pour le dessin. Puis j'accroche la feuille à un mur, ou bien je la dispose, encore humide, sur une table construite spécialement à cet effet. Sur le mur, les surfaces se chevauchent ; sur la table, les cercles créés par le séchage dessinent des surfaces.
J'ai des thèmes, mais je n'ai en tête aucune image achevée. Les travaux sur papier évoluent de manière organique ou architecturale, mais sans plan, en petites parties qui fusionnent ensuite en un vaste ensemble.

— Dans tes dessins, l'absence de détails est particulièrement évidente.
Exactement. Aucun coup de pinceau, aucun point n'a été appliqué isolément. Les traits naissent uniquement du chevauchement des surfaces. L'image est toujours le résultat de procédés techniques.

— En 2018, tu as également commencé à peindre des dessins en grand format sur toile, que tu vas montrer pour la première fois dans cette exposition. Pourquoi as-tu souhaité travailler avec ce matériau ?
À mes yeux, la structure, la texture de la toile est très séduisante et les dessins qui en résultent sont plus tangibles et présentent davantage de relief. De plus, la toile est un matériau que nous retrouvons fréquemment dans notre quotidien, sous diverses formes, et qui ne résonne donc pas en nous de la même façon que le papier. J'ai très vite remarqué que, sur ce support, les couleurs ont encore plus d'intensité lumineuse.

— Dans les œuvres sur toile, ta palette s'est étendue, n'est-ce pas ? Tu sembles utiliser un plus grand choix de couleurs – des tons foncés, intenses, mais aussi plus clairs. Tu t'essaies également à de nouvelles formes abstraites plus complexes. Est-ce que cette évolution découle des possibilités différentes que t'offre la toile par rapport au papier ? L'utilisation de ce nouveau matériau a-t-elle entraîné un changement dans tes thèmes ?
Les thèmes n'ont pas nécessairement changé, mais je les aborde d'une manière sans cesse différente, dans le cadre d'approches toujours plus nuancées. La toile brute m'offre d'autres possibilités en termes de couleur : j'en peins parfois comme s'il s'agissait de papier, tandis que parfois j'applique un procédé qui tient plutôt quasiment de la teinture. Je peux en outre réaliser des couches nettement plus denses ou jouer avec des combinaisons de mouillé sur mouillé.

— Plusieurs thèmes reviennent régulièrement dans ton travail. Quels sont, à tes yeux, les plus importants ?
Je m'intéresse sans relâche à la perception d'un lieu et de sa fragilité, y compris lorsqu'il s'agit de constructions – des constructions physiques, mais aussi mentales. À l'origine, par exemple, j'avais conçu les travaux sur toile comme autant de drapeaux de lieux indéterminés, qui n'existaient que dans ma tête, des lieux dans lesquels je me trouvais en pensée ou en rêve. La reconstitution picturale d'un tel lieu s'apparente à l'impuissance à raconter un rêve que l'on a fait. Mais ici, je transforme cet endroit indéterminé en un espace existant et doté d'une construction apparente, ce que viennent refléter les titres de cette série. En ce sens, il s'agit aussi d'une réflexion sur l'illusion et l'évanescence.

— Comment prévois-tu d'agencer ces nouvelles œuvres dans l'exposition ?
Je les expose directement au mur – comme des rideaux ou des tapis muraux. Dans l'une des salles, elles sont associées à une installation composée d'objets en verre et en céramique. Les deux séries sont fortement imprégnées d'artisanal.
L'aspect artisanal occupe une place centrale dans mon travail, car il me mène toujours à un support. Mon approche n'est pas académique, c'est-à-dire que je me penche peu sur les questions théoriques qui touchent à la peinture. Je trouve le support, considéré dans sa spécificité, plutôt restrictif. En vérité, je travaille de façon très intuitive ; l'intuition est pour moi un véritable outil, que j'utilise de manière délibérée afin d'affiner mon propre langage.

— Tu as parlé de l'espace construit. Comment l'abordes-tu dans le cadre de ton travail ?
Dans son rapport au corps, mais également au regard de sa déconstruction et de la menace qui pèse sur lui. La fumée et les nuages, les structures en relief me fascinent de par leur immatérialité. L'assemblage d'un tout à partir d'une multitude de minuscules particules … comme un amas …. La menace qui pèse sur l'existence joue un rôle subliminal.

— Certaines de tes images, notamment les dessins en petit format, semblent n'impliquer aucune menace ; au premier abord, elles sont au contraire imprégnées de beauté, voire de grâce. S'agit-il d'une stratégie visant à séduire le spectateur dans les premières secondes ?
La plupart des œuvres induisent, outre cette séduction esthétique, un moment d'irritation, une cassure. J'attache de l'importance à ces ruptures et à ces contrastes, qui reviennent dans tous les thèmes de mon travail. Ils confèrent aux œuvres plusieurs niveaux de lisibilité.

— Quel rôle joue le modèle dans ta pratique ?
Le modèle est un élément très présent et très important dans mon travail. Les œuvres doivent être comprises comme des modèles, car elles ne reproduisent rien de réel mais renvoient à des éléments extérieurs.
Pendant mes études artistiques, j'ai confectionné des vêtements et des chaussures : il s'agissait d'objets factices qui n'étaient pas destinés à être utilisés et qui pouvaient représenter différentes choses. Les nouveaux objets en plâtre de la série *Terrain vague* sont des modèles à plusieurs égards ; ils rappellent tout autant les modèles anatomiques utilisés dans les salles de classe, qui permettaient de désassembler, entre autres, les parois abdominales, les intestins et les organes génitaux, que des paysages vus depuis le ciel, ou encore des modèles d'images cliniques ou de sédiments observés au microscope.
Les objets en verre et en céramique de la série *Magnitude* constituent différents modèles d'un paysage volcanique. C'est d'ailleurs ce qu'indique le titre, car la magnitude est, entre autres, l'unité permettant de mesurer la puissance d'une éruption volcanique. Mais les cloches de verre colorées placées les unes sur les autres et les céramiques en forme de dôme pourraient également être des poitrines féminines. Je m'intéresse à la forme archaïque du sein, du volcan, de la pyramide, du logement, et je ne cesse de représenter et d'explorer celle-ci dans mes dessins.

— Comment organises-tu les espaces dans ton exposition ?
Je voulais impérativement occuper la Salle Poma qui, avec sa surface de 365 m² et sa hauteur de 5,80 m,

forme un grand cube dans le centre d'art, afin de m'essayer à cet énorme volume. Cette masse brute qui nous entoure nous fait ressentir notre propre fragilité face à la pesanteur de la pièce. Je voulais lui opposer un élément qui dégagerait lui-même une impression imposante et brutale, mais également fragile.

— Que signifie le titre ?
L'Endroit de l'envers signifie plus ou moins « Le mauvais endroit ». Il s'agit d'un lieu inversé, où les notions de « derrière » et de « devant » n'existent pas et dans lequel le point de vue ne cesse de changer. En entrant dans la salle, les spectateurs sont confrontés à une paroi inclinée et hermétique ; ce n'est que lorsqu'ils contournent la structure que celle-ci s'ouvre à eux. Les visiteurs peuvent aussi passer sous l'œuvre et la traverser. *L'Endroit de l'envers* présente un lien étroit avec les travaux en plâtre qui ont également été créés pour cette exposition. Certains s'apparentent plus à un modèle que d'autres, ils font penser à un certain type d'édifice, comme un observatoire, ou évoquent des éléments architecturaux, comme des escaliers ou des murs.

— Ou bien ils font écho à la sculpture abstraite des années 50 et 60…
C'est exact. Dans ces travaux, l'être humain est à la fois absent et omniprésent.
Si la plupart des objets en plâtre invitent le spectateur à une promenade imaginaire, d'autres – par exemple les objets en forme de coquillage – sont plutôt clos. Le plâtre est parfois coloré d'encre de Chine, et les objets présentent des reliefs différents. Dans cette vue d'ensemble pseudo-scientifique qui occupe la longue vitrine, ils forment en quelque sorte un alignement des trouvailles que l'on aurait assemblées au fil d'un voyage.

In Conversation with
Andrea Heller

— Felicity Lunn: In this extensive solo exhibition we are juxtaposing your new works with a selection of older pieces. The media in which you have primarily been working since you completed your studies in 2003 are painting, ceramics, glass and plaster. And in the Swiss art scene you are best known for your ink drawings. What are the most important aspects of working with ink on paper?
Andrea Heller: Working with ink, and also watercolour, on paper is a very direct technique. Once applied, each line, each surface is fixed. I generally work in thin coats, directly painting a series of merging surfaces; the lightest colour is the white of the paper. Only very darkly coloured surfaces allow something to be hidden.

— How do you begin a new drawing?
I generally work out the process in advance, consider the conditions that I require in order to produce the drawing. Then I either hang the sheet of paper on the wall or moisten it and stretch it on a table specially built for the purpose. On the wall the surfaces merge, on the table rings appear as the ink or paint dries. I have a notion of a subject but not a finished picture. The works on paper grow organically or architec-turally, but without a plan, in small components which then merge into something large.

— A very obvious feature of your drawings is the absence of details.
Exactly, there are no individual brushstrokes or points. Lines only occur as a result of the overlaying of sur-faces. The image is always a direct result of technical processes.

— In 2018 you also began to produce the large-scale drawings on fabric, which you will show for the first time in this exhibition. Why did you want to work with this material?
I find the structure and texture of the fabric fascinating and the resulting drawings have a more object-like, physical quality. Fabric is also a material that often surrounds us in our daily lives and in many different forms as a result of which fabric and paper have very different connotations. I very quickly noticed that the colours are much more luminous against this background.

— In the works on fabric your palette has expanded, hasn't it? You seem to use a broader range of colours – dark, strong and also light. You are also trying out new and more complex abstract forms. Is this develop-ment a result of the new possibilities offered by fabric in comparison with paper? Has this change in material been accompanied by a change in your subjects?
The subjects haven't necessarily changed, it's simply that I constantly observe and handle them in different and differentiated ways. In terms of colour, the raw cotton offers me new possibilities and I sometimes paint it as if it were paper, whereas I sometimes almost stain it. I can also work with much thicker layers and overpaint or work in wet-on-wet combinations.

— There are a number of subjects that you regularly address in your work. Which are the most important for you?
One thing that I often address is the perception and the fragility of a place, or of structures – built, physical ones, but also, sometimes, imagined ones. I originally thought of the works on fabric, for example, as flags for nonspecific places that only existed in my head, places that I had visited in my imagination or in dreams. It is equally difficult to describe such dreams in words and to portray these places. But this is a process in which I transform the nonspecific into an existing, apparently built space, as reflected in the titles of this series. In this sense, this work is also a meditation on the subjects of illusion and transience.

— How do you plan to show these new works in the exhibition?
I will hang them directly on the wall – like curtains or tapestries. In one of the rooms they will be com-bined with an installation of glass and ceramic objects. Both series have a strong artisanal character. The artisanal has a central position in my work because it is this that always directs me to a medium. My approach is not academic, which is to say that I am less concerned with theoretical questions about painting. If anything, I find specific questions about media con-straining. The reality is that I work very intuitively; for me, this intuition is more like a tool that I use very consciously as a means of refining my own language.

— You spoke of built space. How are you developing this in your work?
In terms of its relationship with the body, but also in terms of deconstruction and menace. Smoke and clouds… it is the immateriality of such corporeal forms that fascinates me. The formation of a whole from vast quantities of tiny particles … clusters … sublimi-nally, the existential menace plays an important role.

— Sometimes there is nothing initially menacing about your pictures, particularly the small drawings: Rather, they are appealing, or even charming. Is this a strategy designed to seduce the viewer in those first few moments?
In most works there is not only this aesthetic seduction but also a moment of irritation, a schism. Such schisms and contrasts are important to me and can be traced through all the subjects in my work. They make it possible to read it at many levels.

— What role does the model play in your approach?
The model-like character of my work is very present and also very important. The works are to be understood as models in the sense that they do not portray something real but, rather, hint at something beyond. During my artistic studies I produced pieces of clothing and shoes as dysfunctional dummies, which could represent a number of things. The new plaster objects of the series *Terrain vague* play this role of the model in a number of ways; they recall not only the anatomical models of our schooldays, from which one could remove the abdominal wall, the intestines and the sexual organs, etc., but also landscapes pictured from above or models of microscopic diseases or sediment.
The glass and ceramic objects of the series *Magnitude* appear like a model of a volcanic landscape. The title is already a clue because, among other things, magnitude is the unit of measurement of the strength of volcanic eruptions. However, the stacked, coloured glass bells and dome-shaped ceramics could also be female breasts. I'm interested in the archaic form of the breast, the volcano, the pyramid, the shelter, forms that I repeatedly represent and investigate in my drawings.

— How are you dealing with the rooms in your exhibition?
I absolutely wanted to occupy the Salle Poma –
the cube in the Kunsthaus with an area of 365 m² and a height of 5.80 m – in order to test the enormous volume. This simple bulk envelops you to the extent that you feel your own fragility vis-à-vis the weight of the space. I wanted to confront this bulk with something else that felt imposing and brutal – but also vulnerable.

— What does the title mean?
L'Endroit de l'envers cannot be directly translated, but it means something like 'The place of being the wrong way round'. It is an inverted place in which there is neither back nor front and the viewpoint is constantly changing. Upon entering the room you are confronted by a diagonal solid wall; only when you walk around it does the structure open up. Visitors can also pass below and in between. *L'Endroit de l'envers* has a close relationship with the plaster works that were also created for this exhibition. Some of these have more

of the quality of models than others because they hint at either particular kinds of buildings such as observatories or architectural elements such as stairs or walls.

— Or they are echoes of the abstract sculpture of the 1950s and 1960s…
That's right. In this work the human being is absent yet, at the same time, ever-present.
The viewer can imagine moving around in many of the plaster objects, others – such as the shell forms – are more closed. The plaster is partly coloured with ink and the smoothness of the objects varies. In this pseudo-scientific arrangement in the long vitrine the objects almost feel like a chronological record of artefacts collected on a journey.

Konstruierte Hybridisierungen –
Einblicke in das Werk von Andrea Heller

Olivier Kaeser

Im Jahr 2002 entsteht Andrea Hellers Werk *Netze,* bestehend aus zwei grossen Papierbögen (je 240 x 195 cm), auf die sie zunächst mit Tusche ein Maschenmotiv aus Rauten zeichnet und danach alle Leerflächen zwischen den sich kreuzenden Linien herausschneidet. Oben an der Wand befestigt, entrollt es sich bis zum Boden. Es erinnert an Volieren- oder Fischernetze oder auch Metallgitter, mit dem Unterschied, dass das ausgeschnittene Papier äusserst fragil ist. Der Titel *Netze* verweist zudem auf eine weitere Bedeutung des Wortes: auf menschliche oder digitale Netzwerke.

Dieses Kunstwerk kann als wegbereitend für Andrea Hellers Œuvre angesehen werden. Auf die hierbei angewandte Technik – Tusche auf Papier – und das Motiv der Rautenmasche wird die Künstlerin in zahlreichen weiteren Arbeiten zurückgreifen. Auch wird ein Bezug zu anderen Bereichen wie Architektur (Gitter) und Natur (Voliere, Fischfang) hergestellt, und es kommen gegensätzliche Empfindungen zum Ausdruck – die Verletzlichkeit des ausgeschnittenen Papiers einerseits, die Festigkeit eines Netzes oder eines Gitters andererseits. Zum Thema Kontraste ist auch ein Foto[1] erwähnenswert, das einen jungen Mann auf allen Vieren zeigt, dessen Körper mit dem Werk *Netze* bedeckt ist. Die Aufnahme dokumentiert die künstlerische Aktion ohne Publikum und betont den ambivalenten Charakter des Werkes, das trotz seiner Zartheit den Körper eines Menschen bewegungsunfähig macht. Die Künstlerin greift damit Begriffe wie Verletzlichkeit, Falle, Schutz und Dominanz auf, denen Körper von Menschen oder Tieren oft unterworfen sind.

Motiv

Rautenförmige Schachbrettmuster in freien Variationen sind ein wiederkehrendes Motiv in Andrea Hellers Schaffen. In den drei zwischen 2007 und 2012 entstandenen Arbeiten auf Papier mit dem Titel *Versteck* entwickelt sie dieses weiter, gibt ihm ein geschmeidig weiches, gleichzeitig aber auch hartes Erscheinungsbild, das zwischen geometrischen Mustern und Körperlichkeit oszilliert. Genauso gut könnte es aber auch eine mineralische Form sein, etwa eine Sandrose mit regelmässiger Oberfläche und feinen Graten. Oder aber eine Anspielung auf 3D-Architekturprogramme, die es erlauben, Fassaden wie wogende Schleier zu entwerfen. In anderen

Werken erscheint die Raute naturalistischer: *Widerstand,* 2011, zeigt zwei traubenförmige Gruppierungen, die sich einander annähern, wobei die obere aus tropfen-, die untere aus kuppelförmigen Elementen zusammengesetzt ist. Befinden wir uns hier in der Welt der Pflanzen, der Mineralien, der Zellen? Oder beobachten wir aus der Vogelperspektive das Kollidieren zweier Menschenansammlungen? Die Werke von Andrea Heller werfen häufig Fragen wie diese auf. Vermeintlich Vertrautes eröffnet bei verändertem Massstab oder Blickwinkel gänzlich neue Bezüge. In *Schneegrenze I, II* und *III,* 2011–2013, sind abgerundete Berggipfel deutlich zu erkennen, während *Ohne Titel (smoke),* 2015, die schematische Darstellung eines Vulkanausbruchs zeigt. Das Wetter, ausgedehnte geologische Zeiträume und die im Vergleich dazu weit kürzeren Jahreszeiten fesseln die Künstlerin.

Immer wieder variiert Andrea Heller das Motiv: Das ursprüngliche Gitter wird zum rautenförmigen Schachbrettmuster, die Raute entwickelt sich zum Dreieck oder zur Pyramide und mutiert schliesslich abgerundet zum Kegel oder zur Kuppel, die je nach Ausrichtung an eine Schale, einen Berg, einen Fingerhut, eine Brust oder einen Vulkan erinnert. Die Fülle spielt mit der Leere, wir befinden uns nicht nur im Reich der Geometrie, sondern auch der Pflanzen und Mineralien und mitunter, im Falle der verlängerten und bald vollen, bald leeren Kegel, sogar im Bereich der Sexualität.

Archiv

Wie verfährt Andrea Heller mit ihrer Formensprache und ihren themenbezogenen Untersuchungen? Um einen Einblick zu erlangen, wendet man sich am besten ihrem Archiv zu, dessen Anfänge auf das Jahr 1998 zurückgehen. Es enthält von der Künstlerin selbst aufgenommene Fotos sowie aus Zeitschriften ausgeschnittene, im Internet entdeckte oder aus Büchern und Printmedien gescannte Bilder. Als etwa um 2002 die ersten Gratiszeitungen erscheinen, ist Andrea Heller erstaunt darüber, dass sich hier Bilder zu völlig unterschiedlichen Themen wie Kriegen, Naturkatastrophen, Glamour, Politik, Sport und Kuriositäten unmittelbar nebeneinander finden. Viele davon schneidet sie aus und löst sie aus deren Kontext, um damit ihre eigene Geschichte zu schreiben. Von 2005 bis 2006 erstellt sie Collagen mit den Bildern aus ihrem Archiv.[2] Bei *Vitrine 1, 2* und *3* geht sie 2015 noch einen Schritt weiter: Sie konstruiert Glasstürze, für die sie Glasteile zusammenklebt, die unregelmässige Kuppeln entstehen lassen. Auf den angepassten Sockeln sind Gruppen von Bildern arrangiert. Themen wie Landschaften, Tiere, Pflanzen, Katastrophen, Architektur werden fragmentarisch aufgegriffen, im Fokus stehen Skurrilität (ein Schaf, das in seiner eigenen Wolle untergeht, von Planen verdeckte Formen, mysteriöse Rituale, UFOs) und Vergänglichkeit (niedergebrannte Häuser oder Wälder, ein von einer Lawine zerstörtes Dorf, ein Wohnwagen, von einem Baum zerschmettert). Dieses Archiv bildet mehr oder weniger unmittelbar einen Nährboden für das gesamte Werk der Künstlerin.

Referenzdokumente

Die Kuppelformen der Vitrinen verweisen auf Inhalte der Hippie-Bücher aus den 1970er Jahren, wie *Shelter* oder *Nomadic Furniture,*[3] die Bauanleitungen für Eigenkonstruktionen bieten. Diese Publikationen der «Do it yourself»-Kultur (DIY) bieten eine Fülle an Informationen zu Geschichte und Besonderheiten von Höhlen, Hütten, Zelten, Kuppeln, wie sie bei Indianern und Europäern zu finden sind. Die Konstruktion diverser Kuppelarten, deren Gerüst auf dem von Andrea Heller geschätzten Schachbrettmuster aus Dreiecken / Rauten beruht, wird ebenso erläutert wie Materialien und die nomadische Lebensweise. Mit Themen wie Energie, Wasser, Nahrung und Abfallbehandlung haben sich diese Publikationen in die Anfänge der Umweltbewegung eingeschrieben.

Einige Jahre später, um 1980, schliessen sich Andrea Hellers Eltern mit anderen Familien zusammen, um als Genossenschaft Gemeinschaftswohnungen zu bauen. Bei ihren Bestrebungen, diese Art des Lebens besser zu verstehen, stiess die Künstlerin vor Kurzem auf ein Werk über diese Selbstbau-Bewegung: *Das andere Neue Wohnen – Neue Wohn(bau)formen,*[4] demzufolge der Amateurbau in der Schweiz insbesondere auf eine Initiative des Bundesrats zurückgeht: «1978 organisiert das Bundesamt für Wohnungswesen, eine junge Behörde mit engagierten Beamten, die zu den wichtigsten Bauträgern in Bern zählt, eine Arbeitstagung, die den ‹von den Bewohnern selbst gebauten und verwalteten Wohnungen› gewidmet ist.» Diese Bewegung ist eine Art Schweizer Ableger der amerikanischen DIY-Kultur.

Architektur

Zahlreiche Werke belegen Andrea Hellers Interesse an Architektur, wie zum Beispiel *Überbau, 2005,* das eine Anhäufung roter Holzwürfel zeigt. Diese Tuschearbeit auf Papier erinnert gleichzeitig an ein stilisiertes mittelalterliches Schloss, an Wellenbrecher oder ein Bühnenbild, in dem Schauspieler agieren. Den deutschen Titel wählte Heller, um mit der doppelten Bedeutung der Begriffe zu spielen: «theoretischer Überbau» bezeichnet theoretische Überlegungen, die ein Kunstwerk transportiert, und

der Begriff «Überbauung» beschreibt in der Schweiz Bauwerke, die auf früheren landwirtschaftlichen oder industriellen Flächen unter Einhaltung des Raumordnungsrahmens errichtet wurden. Bezüge zum Selbstbau sind hier nicht fern.

Panzersperren, 2006, untersucht den Bereich der Verteidigungsarchitektur, die zu Beginn des Zweiten Weltkriegs als Verteidigungslinie gegen die deutsche Bedrohung errichtet wurde und bis heute präsent ist. Diese pyramidenförmigen Betonblöcke, mögen aber auch an «Tobleronen» oder Drachenzähne erinnern.[5] *Barrikade,* 2015, bekräftigt diese Faszination von Schutzbauten in Form einer Neuinterpretation sowohl von mittelalterlichen Burgen als auch von provisorischen Strassenbarrikaden bei Demonstrationen.

Für die Salle Poma des Kunsthauses Pasquart entwirft Andrea Heller 2019 ihre erste monumentale Installation: *L'Endroit de l'envers.* Gegeneinander gelehnte Tafeln erinnern an ein Kartenhaus, das den Anspruch an ein grosses Werk mit dem prekären Gleichgewicht verbindet. Die Tafeln haben unregelmässige Abmessungen und mit dunkler Farbe versehene Oberflächen. Erstmals handelt es sich nicht um eine Darstellung auf Papier, sondern eine Skulptur / Struktur / Architektur, die Raum einnimmt, die man erkunden kann, indem man den Standpunkt wechselt, die, je nach Blickwinkel, neue Eindrücke vermittelt. Dieses Werk ist zugleich eine Art Architekturfragment, eine für Strassenkämpfe errichtete Barrikade und ein Kinderspiel mit Erwachsenendimensionen. Die Arbeit hat einen ambivalenten Charakter, bewegt sich zwischen Mikro und Makro, Widerstand und Zerbrechlichkeit, Gebautem und Zerstörtem, Spielerischem und Politischem.

Natur

Andrea Heller hat auch eine Vorliebe für die Natur. An den grossen schwarzen mit Tusche oder Spray bemalten Flächen der Serie *Meteorit,* 2005–2006, die organische Variationen des Dreiecks- oder Rautenmotivs aufweisen, zeigt sich ihr Interesse für die langen «Lebenszeiten» der Mineralien, aus denen die Planeten bestehen. Durch die intensive Auseinandersetzung mit Farbe und Motiv vermeint man die Stofflichkeit des Gesteins «spüren» zu können. *Fundament,* 2014, ein Aquarell mit Tusche auf Papier, beschwört mit seiner schwarzen Oberfläche die mysteriöse und düstere Atmosphäre im Inneren einer Höhle voller Stalagmiten und Stalagtiten herauf. Unter den Skulpturen nimmt *Untitled (Pompons),* 2007–heute, eine besondere Stellung ein, da sie einerseits ortsspezifisch ist und andererseits einem steten Entwicklungsprozess unterworfen wird. Aus schwarzen Wollpompons bestehend, verändert sie sich mit jeder Ausstellung, findet sich einmal auf einem Heizkörper, dann vor einem Fenster und dann wiederum an einem Rohr an der Decke. Durch Hinzufügen immer neuer Pompons wird sie kontinuierlich grösser, verkörpert etwas gänzlich anderes als eine beruhigende Wollkugel. Wenngleich ihr Aussehen an Korallen oder vulkanisches Gestein erinnert, so weckt ihre Vermehrungsfähigkeit eher Assoziationen mit einer sich weiterentwickelnden Viruszelle oder einer Kolonie von kleinen Lebewesen, die sich als Schwarm um eine Wärmequelle scharen.

Hybridität

Rauten-/Dreiecksmuster, Archiv, Architektur und Natur unterstreichen die Denkweise und die künstlerische Praxis von Andrea Heller. Daneben gibt es ein Charakteristikum, das ihr gesamtes Œuvre umspannt: das Hybride. Ein typisches Beispiel dafür ist die Arbeit *Die Wurzeln sind die Bäume der Kartoffeln*[6], 2005, ein mit Tusche und ausgeschnittenem Papier ausgeführtes Relief mit Rahmen. Was zeigt es? Auf den ersten Blick meint man, schwarze Bäume mit dicken, spitzen Ästen und an ihren Füssen zwei eiförmige, geneigte Formen zu sehen.[7] Sind das nun Bäume oder Wurzeln? Die schneidend scharf aussehenden Zweige werfen die Frage auf, ob wir eine Darstellung aus dem Pflanzenreich sehen oder die Vermehrung der Klingen von Edward mit den Scherenhänden? Stellen die eiförmigen Figuren Kartoffeln dar, Gespenster, vermummte Körper? Auch eine Anspielung auf den Bären und die Ratte in dem Film *Der Rechte Weg* von Fischli & Weiss könnte man herauslesen.

Das Hybride in Andrea Hellers künstlerischem Vokabular tritt am stärksten beim menschlichen Körper zutage. Bei der Auseinandersetzung mit ihrem Werk stösst man etwa auf Körper und Köpfe in Form von Karotten, Stalagmiten, Knollen, Gedärmen, Menhiren, Insekten, Ballons oder Gesteinen, meistens mit Beinen, manchmal mit Armen – ein anthropomorphes, fantastisches Bestiarium. Der Körper wird auch fragmentarisch dargestellt, ein Schädel-Kartoffel-Eulen-Pinguin, eine Hand-Handschuh-Stelen-Mauer oder auch Brust-Implantate-BH-Teewärmer-Hauben mit Käse-Häppchen.

Drei neue Serien treiben die Mehrdeutigkeit noch weiter auf die Spitze: Zum einen vier grosse Tuschearbeiten auf Leinwand mit demselben Untertitel *(a specific place)*, eine Vorstellung, die allein im Kopf der Künstlerin existiert, die jedoch auf der Leinwand zum «Ort» wird. *Two rooms* ist die beunruhigende Verschmelzung von Gebirge und Gesicht, *Wall* erforscht den Bereich zwischen dem Molekularen und dem Gebauten, *No entry* positioniert sich an der Schnittstelle zwischen Gebirge, Canyon und minima-

listischer Architektur, während in *Shadows* eine bedrohliche post-humane Silhouette aus einem Paar mit Gebäudeköpfen zu entstehen scheint.

Die Skulpturenreihe *Magnitude,* 2018/2019, untersucht Kegelformen in unterschiedlichen Grössen – mit opaker und unregelmässig geformter Oberfläche im Fall der bemalten Keramiken, durchsichtiger und glatter Oberfläche bei den Werken aus geblasenem Glas. Nach und nach kristallisieren sich Assoziationen zu Brust, Schale, Vase, Gebärmutter, Penis, Berg, Vulkan heraus.

Die bis dato 37 Gipsskulpturen der Serie *Terrain vague*[8], allesamt 2019 gegossen, könnten durchaus den Grundstein für eine Enzyklopädie der Formen bilden. Man meint der Reihe nach ein libanesisches Fladenbrot, Eier in einem Weidenkorb, die Kugelhäuser des Architekten Antti Lovag, eine Krake, altes Strassenpflaster, eine archäologische Ausgrabung, eine Festung von Vauban, Darmschlingen, eine Pyramide oder die Zitzen einer Sau zu erkennen.

Taucht man in die Kompositionen von Andrea Heller ein, eröffnet sich nicht nur deren originäre Schönheit, sondern auch Tiefe, ein intensives visuelles Erleben und ein sensibles Bewusstsein für die Welt. Die Vorliebe für Meteoriten, Vulkane, Höhlen und Berge zeugt von einer Feinfühligkeit für das Leben der Erde. Ihre Experimente zum Thema Architektur veranschaulichen ihr Interesse für das menschliche Wirken in Raum, Natur, Meteorologie und Gesellschaft, und in ihrer Auseinandersetzung mit dem menschlichen Körper manifestiert sich eine Fantasie, die zwischen Frohsinn und Ernsthaftigkeit oszilliert. Die Künstlerin spielt mit Massstäben und Bezügen und wird nicht müde, mit ihren Werken unsere Definitionen und Vorstellungen von Gewissheit auf den Kopf zu stellen.

1   Dieses undatierte Foto ist auf Seite 59 der Monografie *Die Wurzeln sind die Bäume der Kartoffeln,* Verlag Patrick Frey, Zürich, 2012, zu sehen.
2   *Die beruhigende Aura der Tiere,* 2005; *Die Wut ist heftiger als der Ärger und schwerer zu beherrschen als der Zorn,* 2006; *Hier auf dem Mond ist es auch nicht viel besser,* 2006.
3   Lloyd Kahn (Hrsg.), *Shelter,* Shelter Publications, Bolinas, Kalifornien, 1973; *Nomadic Furniture 1* und *2,* Pantheon Books, A division of Random House, New York, 1973 und 1974.
4   *Das andere Neue Wohnen – Neue Wohn(bau)formen,* 12.11.1986 bis 4.1.1987, Museum für Gestaltung Zürich.
5   Mehr als 2.700 «Drachenzähne», 9 Tonnen schwere Betonblöcke, wurden zwischen 1937 und 1941 als Panzerabwehr errichtet, insbesondere am Fuss des Juragebirges im Kanton Waadt. Ihre Dreiecksform erinnert an die Toblerone-Schokolade, der sie ihren Namen verdankt.
6   Dies ist auch der Titel des vom Verlag Patrick Frey 2012 anlässlich der Personale von Andrea Heller im Helmhaus in Zürich, 2.12.2011 bis 29.1.2012, veröffentlichten Buches.
7   Das Werk ist in Tusche beidseitig auf ausgeschnittenem Papier, recto und verso, ausgeführt. Das Papier ist zudem zwischen zwei Glasplatten eingespannt, die von einem Holzrahmen gehalten werden. Die Serie umfasst 10 Exemplare, die sich alle geringfügig unterscheiden.
8   Die Masse der Skulpturen variieren im Durchmesser zwischen 10 und 50 cm.

Hybridations construites, une exploration
du travail d'Andrea Heller

En 2002, Andrea Heller réalise *Netze,* une œuvre composée de deux grandes feuilles de papier (240 x 195 cm
chacune) sur lesquelles elle dessine à l'encre un motif
de mailles en losanges, puis découpe tous les vides
entre les lignes qui se croisent. L'œuvre est fixée au mur
par le haut, et se déroule jusqu'au sol. Elle a l'aspect
général d'un filet de volière ou de pêche, ou encore d'un
treillis métallique, à la différence près que le papier
découpé est très fragile. Le titre *Netze* contient aussi
l'autre sens du mot, les réseaux, qu'ils soient humains
ou informatiques.

Cette œuvre peut être considérée comme fondatrice
du travail. Elle met en place une technique, l'encre
sur papier, et un motif, la maille en losange, qui vont
devenir récurrents. Elle ouvre sur des domaines tels
que l'architecture (treillis) et la nature (volière, pêche).
Elle joue sur des sensations contrastées, entre la
fragilité du papier découpé et la solidité du filet ou du
grillage. À propos de contraste, il existe une photo[1]
d'un jeune homme à quatre pattes, dont le corps est
recouvert de *Netze.* Elle témoigne d'une action sans
public réalisée par l'artiste, et souligne la nature ambi-
valente de l'œuvre, qui, bien que fragile, immobilise
le corps d'une personne. L'artiste instaure une réflexion
sur des notions telles que vulnérabilité, piège, protection et domination, dont le corps, humain ou animal,
est souvent le sujet.

Le motif

Andrea Heller utilise régulièrement le motif composé
de damiers en losanges, qu'elle décline de manière
libre et organique. Entre 2007 et 2012, trois œuvres sur
papier intitulées *Versteck* développent ce motif dans
une version à la fois souple et rigide. Elles évoquent
une couverture à l'imprimé géométrique qui recouvrirait
des formes, peut-être des corps, hypothèse étayée par
le titre. On peut aussi y voir quelque chose de minéral,
comme une rose des sables aux reliefs réguliers et
aux fines arêtes. Ou y déceler un clin d'œil à des architectures conçues par des logiciels 3D qui permettent
de sculpter des façades comme des voiles ondoyantes.
D'autres œuvres proposent un développement plus
naturaliste du losange, qui s'ovalise : *Widerstand,*
2011, est composée de deux grappes ou groupes qui se
rejoignent, des gouttes en haut et des dômes en bas.
Est-on dans un registre végétal, minéral, cellulaire ?
Ou dans un affrontement entre deux foules vu du ciel ?

Ce genre de questionnement est fréquent face aux
œuvres d'Andrea Heller. On pense voir quelque
chose de familier, et si on change d'échelle et de point
de vue, on décèle une référence très différente.
Schneegrenze I, II et *III,* 2011–2013, se réfèrent plus
clairement aux cimes arrondies des montagnes, alors
que *Ohne Titel (smoke),* 2015, schématise l'éruption
d'un volcan. Le paysage, la météorologie, le temps long
géologique et le temps plus court des saisons inté-
ressent l'artiste.

Ce motif, Andrea Heller ne cesse de le moduler :
le treillis initial devient damier en losange, le losange
évolue en triangle ou en pyramide, il s'arrondit pour
devenir un cône ou un dôme, qui, selon son positionne-
ment, peut évoquer un bol, un mont, un dé à coudre,
un sein, un volcan. Le plein joue avec le vide, on est
dans des registres géométriques, mais aussi végétaux
et minéraux, ou même sexuels, dans le cas de cônes
allongés tantôt pleins et tantôt vides.

L'archive

Comment Andrea Heller constitue-t-elle son vocabulaire formel et ses explorations thématiques ? Pour
comprendre, il est utile de se pencher sur son archive,
commencée en 1998. Elle est composée de photos
prises par l'artiste, d'images découpées dans des
journaux, trouvées sur Internet ou encore scannées
dans des livres et imprimées. Quand apparaissent
les journaux gratuits, vers 2002, elle est frappée par la
proximité d'images de natures très différentes,
guerres, catastrophes naturelles, glamour, politique,
sport, insolite. Elle en découpe beaucoup, les sorts
de leurs contextes pour construire sa propre histoire.
En 2005 et 2006, elle réalise des collages contenant
des images issues de son archive[2]. En 2015, elle va plus
loin sur un mode similaire, avec *Vitrine 1, 2* et *3.* Elle
construit des cloches en forme de dôme irrégulier,
composées de morceaux de verre collés. Ces cloches
donnent leur forme à des socles, sur lesquels
elle rassemble des ensembles d'images. Les sujets,
tels que paysages, animaux, végétaux, catastrophes,
architectures, apparaissent souvent par des fragments, font la part belle à l'étrange (mouton submergé
par sa propre laine, formes recouvertes de bâches,
rituels mystérieux, OVNI), et à l'impermanence
(maisons ou forêts incendiées, village détruit par une
avalanche, caravane coupée par un arbre). Cette
archive irrigue tout le travail, de manière plus ou moins
directe et reconnaissable.

Des documents de référence

La forme des cloches en verre des vitrines se réfère aux contenus de livres hippies des années 1970, tels que *Shelter* ou *Nomadic Furniture*[3], qui donnent des modes d'emploi pour la construction d'architectures d'appoints. Ces publications de la culture «Do it yourself» (DIY) sont une mine d'informations sur les grottes, huttes, tentes, dômes, leur histoire et leurs spécificités chez les Amérindiens et chez les Européens. Elles expliquent la construction de tous types de dômes, dont la structure est basée sur la fameuse forme en damier triangle / losange chère à Andrea Heller. Elles abordent les questions des matériaux, des modes de vie nomades, informent sur l'énergie, l'eau, la nourriture, les déchets, s'inscrivant dans les débuts de l'écologie politique.

Quelques années plus tard, autour de 1980, les parents d'Andrea Heller se rassemblent avec d'autres familles pour construire des lotissements en coopératives d'habitat. Intéressée à mieux comprendre le contexte qui a permis ce mode de vie, l'artiste trouve plus récemment un ouvrage consacré à ce mouvement Selbstbau, *Das andere Neue Wohnen – Neue Wohn(bau)formen*[4], dont le propos sur la construction amateur en Suisse est notamment basé sur une initiative du Conseil fédéral relatée ainsi: «En 1978, l'Office fédéral du logement, un jeune organisme tenu par des fonctionnaires actifs et comptant parmi les promoteurs importants à Berne, organise un congrès de travail consacré aux ‹logements bâtis et administrés par les habitants eux-mêmes›. » Ce mouvement est une sorte de rebond «à la suisse» de la culture DIY américaine.

L'architecture

De nombreuses œuvres manifestent son intérêt pour l'architecture, telles que *Überbau*, 2005, qui représente un amoncellement de cubes en bois rouge. Cette encre sur papier évoque à la fois un château médiéval stylisé, des brise-lames ou une scénographie destinée à accueillir des acteurs et des actions. Andrea Heller choisit le titre en allemand, car il permet de jouer entre le sens de «theoretischer Überbau», utilisé pour qualifier les constructions théoriques véhiculées par une œuvre d'art, et celui de «Überbauung», qui concerne, en Suisse, les constructions réalisées sur d'anciens terrains agricoles ou industriels, en respectant le cadre de l'aménagement du territoire. Les références au Selbstbau ne sont pas loin.

Panzersperren, 2006, explore le registre de l'architecture de défense, car en Suisse, ces formes pyramidales au sommet plat sont assimilées aux «toblerones», ces blocs de béton en dents de dragons construits au début de la deuxième guerre mondiale comme lignes de fortifications face à la menace allemande, et encore présents aujourd'hui[5]. *Barricade,* 2015, confirme cet attrait pour les structures de protection, revisitant autant le château médiéval que les constructions provisoires des manifestations de rue.

Pour la Salle Poma du Centre d'art Pasquart, Andrea Heller conçoit sa première installation monumentale, *L'Endroit de l'envers,* 2019. Des panneaux appuyés les uns contre les autres font penser à un château de cartes, qui a l'ambition d'un grand œuvre et la fragilité de l'équilibre inhérent à ce jeu de construction éphémère. Ces panneaux sont irréguliers dans leurs dimensions, leur surface est traitée en couleur sombre, l'impression qui s'en dégage est très différente selon le point de vue, et, pour la première fois, il ne s'agit pas d'une représentation sur papier ou sur toile, mais d'une sculpture / structure / architecture qui s'impose dans l'espace et que l'on découvre en se déplaçant. Cette œuvre est à la fois une sorte de fragment d'architecture issue de la culture DIY, une structure de barricades érigée pour les combats de rue, et un jeu d'enfant à taille d'adulte. L'ensemble est ambivalent, entre micro et macro, résistance et fragilité, construit et détruit, ludique et politique.

La nature

La nature fait aussi partie des préoccupations d'Andrea Heller. Dans la série *Meteorit,* 2005 / 2006, de grandes surfaces noires peintes à l'encre et au spray, contenant une variation organique du motif triangle / losange, affirment un intérêt pour le temps long du minéral qui constitue les planètes. On croit pouvoir «sentir» la matérialité de la pierre par le traitement intense et profond de la couleur et du motif. L'aquarelle et encre sur papier *Fundament,* 2014, présente aussi une surface noire, qui évoque l'intérieur d'une grotte aux épaisses stalagmites et aux fines stalactites, dans une atmosphère mystérieuse et obscure. Dans un registre sculptural, l'œuvre *Untitled (Pompons),* 2007– présent, a un statut particulier, car il est «site specific» et évolutif. Composée de pompons en laine noire, elle est différente à chaque présentation, car d'une part elle peut est installée à un radiateur, devant une fenêtre ou à un tuyau au plafond, et d'autre part elle grandit, car l'artiste ajoute des pompons. Ainsi, le pompon prend une signification bien différente qu'une boule de laine réconfortante. Si l'aspect peut faire penser à des coraux ou des pierres volcaniques, la prolifération évoque plutôt des champignons, une cellule virale qui se développe, ou encore une colonie de petits êtres vivants qui se blottissent en essaim, par exemple autour d'une zone de chaleur.

L'hybridité

Si le motif du damier losange/triangle, l'archive, l'architecture et la nature mettent en relief le système de pensée et la pratique d'Andrea Heller, il est une notion qui englobe l'ensemble de son travail, c'est l'hybridité. L'œuvre en relief, encre et papier découpé dans un cadre, intitulée *Die Wurzeln sind die Bäume der Kartoffeln*[6], 2005, en est emblématique. Que voit-on? A priori, des arbres noirs aux branches épaisses et pointues, et à leurs pieds deux formes ovoïdes inclinées.[7] Le titre signifie «Les racines sont les arbres de pommes de terre». Alors s'agit-il d'arbres ou de racines? Les branches semblent tellement coupantes, sommes-nous dans un registre végétal ou est-ce une multiplication des lames d'Edward aux mains d'argent? Les formes ovoïdes figurent-elles des pommes de terre, des fantômes, des corps encagoulés? On peut aussi y voir un clin d'œil aux figures de l'ours et du rat dans le film *Der Rechte Weg* de Fischli & Weiss.

Le corps humain est un des éléments les plus hybrides du vocabulaire de l'artiste. En parcourant ses œuvres, on peut voir par exemple un corps-tête en carotte, stalagmite, tubercule, intestin, clocheton, menhir, insecte, cercueil, ballon ou rocher, le plus souvent muni de jambes, parfois de bras, qui constituent un «bestiaire» anthropomorphique et fantasmagorique. Le corps est aussi traité par fragments, un crâne-patate-hibou-pingouin, une main-gant-stèle-muraille ou encore des seins-implants-soutien-gorge-couvres théière-cloches à fromage-mignardises.

Trois séries récentes portent l'hybridité encore plus loin. D'une part, quatre grandes encres sur toile portent le même sous-titre *(a specific place),* notion qui n'existe que dans la tête de l'artiste, mais qui devient un «lieu» sur la toile. *Two rooms* est une fusion troublante entre des montagnes et un visage, *Wall* explore un registre entre le moléculaire et le construit, *No entry* se situe à l'orée de la montagne, du canyon et de l'architecture minimale, alors qu'une silhouette post-humaine menaçante semble surgir d'un couple aux têtes de bâtiments dans *Shadows.*

D'autre part, la série de sculptures *Magnitude,* 2018/2019, explore la forme du cône, plus ou moins large ou allongé, opaque et à la surface irrégulière pour celles réalisées en céramique peinte, transparente et lisse pour celles en verre soufflé. Les références au sein, au bol, au vase, à la matrice, au pénis, à la montagne, au volcan, émergent tour à tour.

Enfin, la série de sculpture en plâtre *Terrain vague*[8], 2019, qui comporte à ce jour 37 éléments, est composée de moulages qui pourraient constituer les débuts d'une encyclopédie des formes. On croit reconnaître une galette de pain libanais, des œufs dans un panier en osier, des maisons-bulles de l'architecte Antti Lovag, un poulpe, un pavage ancien, une fouille archéologique, une fortification de Vauban, un intestin, une pyramide ou les mamelles d'une truie.

Quand on s'immerge dans les compositions d'Andrea Heller, on découvre, en plus d'une beauté initiale, une profondeur, une intensité visuelle, et aussi une conscience sensible du monde. Son attrait pour les météorites, les volcans, les grottes et les montagnes témoigne d'une écoute attentive de la vie de la terre. Ses expérimentations architecturales illustrent son intérêt pour l'action de l'homme par rapport à l'espace, à la nature, à la météorologie ou au corps social. Son rapport au corps humain affirme une fantaisie entre joie et gravité. Jeu d'échelles et de références, son travail ne cesse de brouiller les définitions et les schémas de nos certitudes.

1   Cette photo, non datée, apparaît en page 59 du livre monographique *Die Wurzeln sind die Bäume der Kartoffeln,* Zurich, Édition Patrick Frey, 2012.
2   *Die beruhigende Aura der Tiere,* 2005; *Die Wut ist heftiger als der Ärger und schwerer zu beherrschen als der Zorn,* 2006; *Hier auf dem Mond ist es auch nicht viel besser,* 2006.
3   Lloyd Kahn (ed.), Shelter, Bolinas, California, Shelter Publications, 1973; *Nomadic Furniture 1* et *2,* New York, Pantheon Books, A division of Random House, 1973 et 1974.
4   *Das andere Neue Wohnen – Neue Wohn(bau)formen,* 12.11.1986–4.1.1987, Museum für Gestaltung Zürich.
5   Plus de 2700 «dents de dragons», des blocs de béton de 9 tonnes, ont été érigés entre 1937 et 1941 comme obstacles antichars, notamment au pied du Jura dans le canton de Vaud. Leur forme triangulaire rappelle le chocolat Toblerone, ce qui leur a donné cette appellation.
6   C'est aussi le titre du livre publié par Édition Patrick Frey, 2012, à l'occasion de l'exposition personnelle d'Andrea Heller au Helmhaus à Zurich, 2.12.2011–29.1.2012.
7   L'œuvre est réalisée à l'encre de Chine sur papier découpé, recto verso, et la feuille est prise entre deux plaques de verre serrées par un cadre en bois. Il s'agit d'une édition de 10, toutes légèrement différentes.
8   Les dimensions de ces sculptures varient entre 10 et 50 cm de diamètre.

Constructed Hybridisations –
Exploring the Work of Andrea Heller

In 2002, Andrea Heller creates *Netze,* a work composed of two large sheets of paper (245 x 190 cm each) upon which she draws, in ink, the motif of a diamond grid from which she then cuts out all the voids between the intersecting lines. The work is fixed to the wall at the top and unfurls to the ground. It communicates the general impression of an aviary, a fishing net or even wire mesh, with the difference that the cut paper is extremely fragile. The title *Netze* also embodies the other sense of the word, networks, be these human or from the world of IT.

This work could be considered as fundamental to her oeuvre. She introduces a technique, ink on paper, and a motif, the diamond grid, which become recurrent. She opens up fields such as architecture (the wire mesh) and nature (the aviary and the fishing net). She plays with contrasting sensations, the fragility of the cut paper and the solidity of the net or the mesh. And, while on the subject of contrasts, there is a photo[1] of a young man on all fours over whose body *Netze* is draped. This records a private action realised by the artist and underlines the ambivalent nature of the work which, although fragile, can still immobilise a human body. The artist invites us to reflect upon such notions as vulnerability, entrapment, protection and domination, to which the body, be it human or animal, is often subject.

The motif

Andrea Heller regularly employs the chequerboard motif, adapting it in a free and organic manner. Between 2007 and 2012, three works on paper entitled *Versteck* develop the motif in a way that is both supple and rigid. They evoke a blanket with a geometric print that is draped over forms which, as hypothetically underlined by the title, could be bodies. One can also sense a mineral quality, like a gypsum flower with a regular form and delicate edges. Or a reference to buildings designed using 3D software that enables façades to be sculpted like rippling sails. Other works suggest a more natural development of the diamond, lending it an oval form: *Widerstand,* 2011, is composed of two clusters or groups that come together, drops above and domes below. Are these forms vegetable, mineral or cellular? Or is this a clash between two crowds from above? Such questions frequently occur when looking at the work of Andrea Heller. One imagines that one sees something familiar but, when the scale or viewpoint shifts, the reference changes completely. *Schneegrenze I, II* and *III,* 2011–2013, refer more clearly to rounded mountain peaks while *Ohne Titel (smoke),* 2015, schematically portrays the eruption of a volcano. The artist is fascinated by landscape, meteorology, the slow rhythm of geology and the more urgent rhythm of the seasons.

Andrea Heller never stops fine-tuning this motif: the initial mesh becomes the diamond grid, the diamond evolves into a triangle or a pyramid, is rounded into a cone or a dome, which, depending upon its position, could evoke a bowl, a mountain, a thimble, a breast or a volcano. A game of solid and void, which is played with geometrical rules, but which is also vegetable and mineral, or even sexual, as in the case of the elongated cones that are alternately full and empty.

The archive

How does Andrea Heller assemble her formal vocabulary and her thematic explorations? In order to understand this it is useful to dip into her archive, which she started in 1998. This is composed of photos taken by the artist and images cut from newspapers, found on the Internet and even scanned in books and other publications. When free newspapers first appear around 2002, she is struck by the proximity of very different sorts of images, of war, natural catastrophes, glamour, politics, sport and oddities. She cuts many out and removes them from their contexts in order to write her own story. Between 2005 and 2006, she creates collages of images taken from her archive.[2] In 2015, she goes much further in a similar direction in *Vitrine 1, 2* and *3.* Here, she creates covers in the shape of irregular domes that she makes by gluing together pieces of glass. These covers then lend their form to plinths upon which series of images are assembled. The subjects, such as landscapes, animals, plants, catastrophes and buildings, often appear as fragments and make great use of the odd (a sheep buried under its own wool, shapes hidden under tarpaulins, mysterious rituals, UFOs) or the impermanent (burned-down houses and forests, a village destroyed by an avalanche, a caravan cut in half by a tree). This archive irrigates all her work in a way that is more or less direct and recognisable.

Reference documents

The form of the glass covers to the vitrines refers to the contents of such hippy literature from the 1970s as *Shelter* or *Nomadic Furniture,*[3] which contain operating instructions for the construction of temporary self-made buildings. These publications from the 'Do it yourself' (DIY) culture are a mine of information about caves, huts, tents and domes and about their history and special features amongst both Amerindians and Europeans. They explain the construction of each type of dome, the structure of which is based on the famous form of the triangular / diamond grid as used by Andrea Heller. They address such questions as materials and nomadic ways of life, tell us about energy, water, food and waste and put them in their rightful place at the dawn of the ecological movement.

Several years later, around 1980, Andrea Heller's parents join up with other families to develop a cooperative housing project. Interested in better understanding the context that had fostered this way of life, the artist recently discovered a work devoted to the *Selbstbau* (self-building) movement, *Das andere Neue Wohnen – Neue Wohn(bau)formen,*[4] whose observations on amateur building in Switzerland largely draw on an initiative of the Federal Council, which is described as follows: 'In 1978, the Federal Housing Office, a young body run by active officials, and which was also one of Berne's most significant developers, organised a working congress devoted to "homes built and administered by their inhabitants".' This movement is a sort of 'Swiss riposte' to American DIY culture.

Architecture

The many works that express her interest in architecture include *Überbau,* 2005, which portrays a heap of red wooden cubes. This ink drawing on paper evokes a stylised medieval castle, a breakwater or a setting designed to welcome actors and their actions. Andrea Heller chooses to use the German title because this permits her to play with the double meaning suggested by the terms 'theoretischer Überbau', which describes the theoretical structures conveyed by a work of art, and 'Überbauung', which in Switzerland refers to buildings realised on former agricultural or industrial land in accordance with land use planning. The references to self-building are not far away.

Panzersperren, 2006, explores the milieu of defensive architecture because, in Switzerland, these truncated pyramidal forms are associated with the 'toblerones', the concrete blocks that were arranged at the start of the Second World War as dragon's teeth: lines of fortification against the German menace that can still be found today.[5] *Barricade,* 2015, confirms this attraction to protective structures by revisiting both the medieval castle and the provisional barriers created during street protests.

Andrea Heller has designed her first monumental installation, *L'Endroit de l'envers,* 2019, for the Salle

Poma in Kunsthaus Pasquart. Supporting each other, the panels recall a house of cards, which aspires to be a great work yet has the delicate balance inherent to this ephemeral construction game. With their irregular dimensions and sombre-coloured surfaces the panels produce a wide range of impressions depending upon the perspective of the viewer and, for the first time, are not an image on paper or canvas but a sculpture / structure / architectural element that establishes its presence spatially and is discovered as one moves around it. This work is, simultaneously, a sort of architectural fragment from DIY culture, barricades built by street fighters and a children's game on an adult scale. As an ensemble it is ambivalent: between micro and macro, resistance and fragility, constructive and destructive, playful and political.

Nature

Nature is another of Andrea Heller's preoccupations. In the series *Meteorit,* 2005 / 2006, large surfaces, blackened with ink and spray paint and bearing an organic variant of the triangle / diamond motif, attest to an interest in the long timescales of the minerals that form the planets. One can almost 'feel' the materiality of the stone due to the deep and intense treatment of the colour and the motif. *Fundament,* 2014, a work in watercolour and ink on paper, presents another black surface, this time suggesting the interior of a cave with thick stalagmites and delicate stalactites in a mysterious and obscure atmosphere. The sculptural work *Untitled (Pompons),* 2007 – present, has a special status, because it is both site-specific and evolving. Composed of pompons made from black wool, it is different every time it is presented because, firstly, it may be placed in front of a window or fixed to a radiator or a pipe on the ceiling and, secondly, it is constantly growing as the artist adds more pompons. As a result, the pompons take on a meaning very different to that of a comforting ball of wool. Even if their appearance recalls coral or volcanic rock, their proliferation is more suggestive of mushrooms, spreading viral cells or a colony of tiny living beings who bunch together in hordes around, for example, a source of heat.

Hybridity

If the motifs of the diamond / triangular chequerboard, the archive, architecture and nature highlight the system of thought and practice of Andrea Heller, the idea that encompasses her work as a whole is hybridity. The framed three-dimensional ink and cut paper work entitled *Die Wurzeln sind die Bäume der Kartoffeln*[6], 2005, is symbolic of this. What does one see? A priori, black trees with thick, pointed branches and, at their feet, two inclined egg-shaped forms.[7] The title signifies 'The roots are the trees of the potatoes'. So, is this about trees or roots? The branches seem so sharp: Is one in the world of plants or is this a scaled-up version of the blades of Edward Scissorhands? Do the egg-like forms represent potatoes, ghosts or hooded bodies? One can also see them as a nod in the direction of the figures of the bear and the rat in the film *Der Rechte Weg* by Fischli & Weiss.

The human body is one of the most hybrid elements in the artist's vocabulary. Reviewing her works one sees, for example, heads and torsos in the form of carrots, stalagmites, tubers, intestines, little towers, menhirs, insects, coffins, balloons and rocks, usually equipped with legs, sometimes with arms, which form an anthropomorphic and phantasmagorical 'bestiary'. The body is also treated fragmentarily, as a skull-potato-owl-penguin, a hand-glove-stele-wall or even breasts-implants-bra-tea cosies-cheese dishes-petit-fours.

Three recent series take this hybridity even further. On the one hand, four large ink drawings on canvas bear the same subtitle *(a specific place),* a notion that only exists in the head of the artist but becomes a 'place' on the canvas. *Two rooms* is a troubling fusion of mountains and a face, *Wall* explores a condition between the molecular and the built, *No entry* is located at the interface between the mountain, the canyon and minimal architecture while, in *Shadows,* a menacing post-human silhouette appears to emerge from a couple with building-like heads.

On the other hand, the series of sculptures *Magnitude,* 2018/2019, explores the form of the cone, more or less broad or long, opaque and with an irregular surface for those realised in painted ceramic and transparent and smooth for those in blown glass. The references to the breast, the bowl, the vase, the womb, the penis, the mountain and the volcano emerge one after the other.

Finally, the series of plaster sculptures *Terrain vague*[8], 2019, which currently contains 37 elements, is composed of casts that could constitute the beginnings of an encyclopaedia of forms. One suspects that one can recognise a Lebanese pitta bread, eggs in a wicker basket, the bubble houses of the architect Antti Lovag, an octopus, ancient cobbles, an archaeological dig, a fortification by Vauban, an intestine, a pyramid or the udders of a sow.

When one immerses oneself in the compositions of Andrea Heller, one discovers, in addition to their initial beauty, a depth, a visual intensity and, also, a conscious sensitivity to the world. Her attraction to meteorites, volcanos, caves and mountains testifies to her close attention to life on earth. Her architectural experiments illustrate her interest in human actions vis-à-vis space, nature, meteorology and society. Her relationship with the human body affirms a fantasy that hovers between joy and gravity. By constantly playing with scales and references, her oeuvre never stops challenging the definitions and diagrams of our certainties.

1   This undated photo appears on page 59 of the monograph *Die Wurzeln sind die Bäume der Kartoffeln,* Zurich: Édition Patrick Frey, 2012.
2   *Die beruhigende Aura der Tiere,* 2005; *Die Wut ist heftiger als der Ärger und schwerer zu beherrschen als der Zorn,* 2006; *Hier auf dem Mond ist es auch nicht viel besser,* 2006.
3   Kahn, Lloyd (ed.), *Shelter,* Bolinas, California: Shelter Publications, 1973; *Nomadic Furniture 1* and *2,* New York: Pantheon Books, A division of Random House, 1973 and 1974.
4   *Das andere Neue Wohnen – Neue Wohn(bau)formen,* 12.11.1986–4.1.1987, Museum für Gestaltung Zürich.
5   More than 2,700 'dragon's teeth', concrete blocks weighing nine tons, were built as anti-tank obstacles between 1937 and 1941, particularly at the foot of the Jura in the Canton of Vaud. Their triangular form recalls Toblerone chocolate, to which they owe their name.
6   This is also the title of the book published by Édition Patrick Frey, 2012, on the occasion of Andrea Heller's solo exhibition at the Helmhaus in Zurich, 2.12.2011–29.1.2012.
7   The work is realised in Indian ink on cut paper, recto verso, and the sheet is fixed between two panes of glass held in place by a wooden frame. It was produced as a series of ten, each slightly different.
8   The dimensions of these sculptures vary between 10 and 50 cm in diameter.

Linien ziehen
in der realen Welt

Aoife Rosenmeyer

Auf seiner Fahrt durch eine entlegene Gegend macht ein Tourist halt, um einen Einheimischen nach dem Weg zu fragen. «Na ja», meint dieser, «von hier würde ich nicht losfahren …»

Diese Anekdote aus einer Zeit, in der noch keine Satellitennavigationssysteme zur Verfügung standen, scheint sich über den Mann auf der Strasse lustig zu machen. Dieser allerdings war in der Lage, sich eine Perspektive vorzustellen, die über die menschliche Erfahrung hinausgeht, denn seinen Weg vom Anfang bis zum Ende zu wählen, das ist ein Luxus, den wir nicht haben. Wir bewegen uns um all das herum, was wir antreffen, und fügen uns in die vorgegebene Topografie ein. Andrea Heller nimmt den Ausstellungsraum – dieses aussergewöhnliche, eigenständige, isolierte Konstrukt – mit Werken ein, die dazu angetan sind, uns zum Nachdenken anzuregen über das Wesen, die Ästhetik und die Architektur von Form, die nicht auf einem Konzept, sondern vielmehr auf den Gegebenheiten der Realität beruht.

Die dunkle Installation *L'Endroit de l'envers* reicht beinahe bis zum Plafond der Salle Poma. Ameisen gleich, denen sich auf ihren Pfaden Hindernisse in den Weg stellen, treffen die Besucherinnen und Besucher hier auf ein massives, dunkles Gebilde, dessen Struktur sich beim Wandeln durch den Raum allmählich erschliesst und sich als Reihe aufeinandergestapelter dreieckiger Objekte präsentiert: die ursprünglichste aller schutzbietenden Formen, hier vervielfacht. Mein Ansinnen, der Bedeutung des Titels auf den Grund zu gehen, führte mich auf eine Internetseite, die mir als Übersetzung «der falsche Platz» anbot und keinen weiteren Deutungsspielraum zuliess. Wer über bessere Französischkenntnisse verfügt, kann aus dem Titel allerdings verschiedene Interpretationsmöglichkeiten herauslesen: So könnten richtig und falsch eins sein, oder aber das Falsche kann auch Richtiges in sich bergen, aussen könnte genauso gut innen sein.

L'Endroit de l'envers kann aus jedem beliebigen Winkel betrachtet werden, nicht aber von oben. Tatsächlich sehe ich gar nicht das Werk selbst, sondern eine digitale Darstellung, aus der ersichtlich ist, wie das fertiggestellte Objekt einmal aussehen soll. Besonders zuverlässige Aussagen sind von meinem Blickpunkt dementsprechend nicht zu tätigen. Dennoch, in Zeiten von SketchUp und anderer vergleichbarer, leicht zugänglicher Software sind wir heutzutage schon recht versiert in der Interpretation

solcher Renderings. Visualisierungen können um jede noch so unnatürliche Achse gedreht werden, und durch die bereits weit verbreiteten Drohnenaufnahmen ist es gar nichts Besonderes mehr, alle möglichen Szenen aus der Vogelperspektive betrachten zu können. Als Michel de Certeau in den 1980er Jahren den Blick auf New York vom World Trade Center aus beschrieb, tat er das noch aus einer privilegierten und aussergewöhnlichen Perspektive. «Als Ikarus dort oben […] kann er die Listen des Daedalus in jenen beweglichen und endlosen Labyrinthen vergessen», so Certeau, der dazu aber auch anmerkte, dass es eine Illusion sei, die Stadt aus der Entfernung erfassen zu können.[1] Jede Stadt kennt sie – die Spannungen zwischen ihren Bewohnern und deren Handlungen einerseits und der allumfassenden Autorität der Verwaltung andererseits. Die Bewohner machen gemeinsame Sache, sie wollen «ihr eigenes Spiel spielen und dabei – ein Lapsus der Überschaubarkeit – überall wieder die Undurchsichtigkeiten der Geschichte einführen.»[2] Diese Spielchen lassen an Fallen denken, in die nichts Böses Ahnende comic-haft tappen, oder an verborgene Notausstiege für individualistische Stadtbewohner, die sich offiziellen Aufzeichnungen zu entziehen suchen. Betrachtet man Hellers Installation unter diesem Aspekt, dann werden ihre Seiten zu Falltüren, durch die man hindurchkommt, oder aber zu Schwingtüren, die sich zwar direkt vor unseren Augen befinden, die wir aber dennoch nicht sehen. Auch ein Kartenhaus kommt hier ins Spiel, schnell gebaut und noch viel schneller wieder zerstört.

Bernard Rudofskys bedeutendes Werk *Architektur ohne Architekten* aus dem Jahr 1964, eine Sammlung von Beispielen traditioneller Architektur, hat ähnliche Publikationen nach sich gezogen. Diese Art der Architektur führt Traditionen fort, sie beruht nicht auf Entwürfen, sondern auf dem, was als notwendig erachtet wird. Sie unterwirft sich den Bedürfnissen ihrer Bewohnerinnen und Bewohner und verwendet zur Verfügung stehende Materialien. Der aus dem Englischen übersetzte Untertitel des Werkes «Eine kurze Einführung zu Architektur ohne Stammbaum» (auf Deutsch dann etwas neutraler als «Eine Einführung in die anonyme Architektur» veröffentlicht) bringt allerdings zum Ausdruck, dass diese geografisch abgelegenen, zweckmässigen Gebäude doch mit einer gewissen Herablassung betrachtet wurden, ein Eindruck, der durch die Perspektive der Luftaufnahmen noch verstärkt wurde. Hellers 2019 entstandene Reliefserie *Terrain vague* lässt an Rudofskys Buch denken – allerdings zunächst hinsichtlich der Ästhetik und nicht der Methode. Von diesen kleinen, ungebrannten Objekten, die wie mit Speisen beladene Teller wirken, wurden zunächst Negativformen hergestellt, mit deren Hilfe in der Folge Gipsabgüsse angefertigt wurden. Die Formen sind gleichsam vertraut und fremd, die Massstäbe variieren: Bei einem Objekt könnte es sich um den Plan einer Siedlung handeln, ein anderes, mit purpurroten Rändern versehen, könnte eine grosse, hervorstehende Brustwarze darstellen, ein drittes erinnert an ein grosses Schalentier. Eine leuchtende, rosafarbene Röhre, verschlungen wie ein Darm, ist gleichzeitig ein kleiner Kegel auf einem Hügel – ein Vulkan, gesehen aus der Weltraum-Perspektive.

Hellers Interesse an traditioneller Architektur zeigte sich allerdings zunächst im Kleinen und beeinflusste die ersten Spuren, die sie hinterliess, sowie die Art und Weise, wie ihre Werke entstehen. Bei ihren Zeichnungen lässt sie sich im Wesentlichen von grafischen Prinzipien und Strategien leiten, eine einheitliche Gestaltung steht dabei nie im Mittelpunkt. Das Resultat hängt vielmehr davon ab, welche Bilder, welche Formen aus den von ihr verwendeten Medien und Materialien hervorgehen können. Was daraus entsteht, ist organisch, oft kristallin, lässt sich nicht in Kategorien zwängen – Variation ist ein wesentliches Charakteristikum. Ein Beispiel dafür ist die unbetitelte Tuschearbeit auf Papier aus dem Jahr 2019: Sie zeigt ein halbkreisförmiges Gebilde, das eine wenig stabile Basis für eine Gruppe von in helleren Tönen gehaltenen Dreiecken bietet – obwohl das dichte Dunkel ihm durchaus Schwere verleiht. Darüber bilden zwei Dreiecke den Rahmen für ein drittes; an der Spitze thront der Geist eines vierten. Bei einer weiteren Serie, *Magnitude,* 2018/2019, bestehend aus gläsernen und keramischen Objekten, wird die Ungewissheit von Massstab und Oberfläche noch verstärkt. Die bemalten Keramikobjekte sind Miniaturberge, infernalische, fantastische Landschaften – oder aber äussert konzentrierte Formen, die an kleine Gegenstände wie etwa Herzmuschelschalen oder glockenförmige Blumen erinnern und deren graduelle Farbgebung weitere strukturelle Gliederungen andeutet, die dem Auge allerdings verborgen bleiben. Die geblasenen Glaselemente der Serie sind ineinander angeordnet, es ist unmöglich, zu wissen, ob tatsächlich – wie üblicherweise – das, was sich hinter der äusseren Glasschicht verbirgt, der Gegenstand unserer Betrachtung sein soll. Es ist unmöglich, es aus dem Kontext gerissen zu sehen. Als ebensolche Herausforderung präsentiert sich die Serie *Vitrine* von 2015: Auf Sockel sind unregelmässige Kuppeln aus dreieckigen, flächigen Glaselementen aufgesetzt. Von Weitem sehen diese fragilen, instabilen Strukturen, deren Aufgabe es ist – so sagt uns zumindest der Titel –, die auf den Sockeln liegenden Bilder zu schützen, so zart wie Seifenblasen aus.

Spielt es eine Rolle, ob wir uns innen oder aussen befinden? Wer legt fest, was oder wo der richtige oder der falsche Platz ist? Innen und aussen sind in Andrea Hellers jüngsten Werken keine eindeutig definierten Positionen. Zudem widersetzen sie sich dem uns innewohnenden Drang, die Übersicht behalten zu wollen. In diesem Moment der Irritation fragen wir uns, was Perspektive überhaupt bedeutet. Es ist keineswegs selbstverständlich, dass wir das, was wir sehen, auch verstehen. Manchmal verstärkt eine solche Übersicht die Autorität, Rechte festzulegen, zu kategorisieren oder zu beherrschen, was überblickt wird – eine Autorität, die wir mitunter unreflektiert gewähren lassen. Im Gegensatz dazu führt uns Heller wieder zum Greifbaren zurück, sei es ein Baustein oder eine einfache Geste, sei es im zellulären oder monumentalen Massstab. Ihre Formen manifestieren sich als vorsichtig in Erscheinung tretende Architektur, der besondere Individualität innewohnt. Sie mögen frei auf dem Blatt schweben, die Idee, auf der sie basieren, und ihre Entstehung sind aber fest in ihnen eingeschrieben. Das Werk steht in Beziehung zu dem Körper, der es erschaffen hat, und dem Kontext, in dem er sich bewegt. Das Modell von *L'Endroit de l'envers* war in Hellers Atelier am Rand eines Tisches platziert. Die Verbindungen von einer Struktur zur nächsten und zum Boden erinnerten mich an die Katzentreppen, die in der Schweiz überall zu finden sind. Diese pragmatische Architektur zieht jene Linien, die Tiere aus Fleisch und Blut brauchen, um sich quer durch die diversen Facetten abstrakter architektonischer Visionen zu bewegen. Gelegentlich ist durchaus eine Flugbahn zu erkennen – jedoch verläuft sie eingebettet in das analoge Leben.

1   Michel de Certeau, *Kunst des Handelns,* Merve Verlag, Berlin 1988, S. 180.
2   Ebd., S. 184.

Tracer des lignes
dans le monde réel

Alors qu'il roulait dans une région reculée, un touriste s'arrêta et demanda son chemin à un habitant du coin. «Eh bien» lui répondit celui-ci, «ce n'est pas par ici que je commencerais....»

À entendre cette anecdote qui date d'une époque où la navigation satellite n'existait pas, nous nous moquerions de l'homme sur la route. Pourtant, celui-ci parvenait à concevoir une perspective qui allait au-delà de l'expérience humaine, car le fait de choisir notre trajectoire du début jusqu'à la fin est un luxe qui ne nous est jamais permis. Nous naviguons au gré des éléments que nous rencontrons et nous prenons place dans la topographie qui nous est donnée. Andrea Heller peuple l'environnement de la salle d'exposition – et la construction exceptionnellement discrète et isolée que celui-ci nous offre – d'œuvres qui nous invitent à considérer la nature, l'esthétique et l'architecture d'une forme qui s'appuie non pas sur une conception, mais sur les aléas de la réalité.

L'installation foncée *L'Endroit de l'envers* atteint quasiment le plafond de la Salle Poma. Les visiteurs se heurtent à son flanc solide et obscur comme des fourmis rencontreraient un obstacle sur leur trajectoire, bien qu'en se déplaçant dans la pièce, sa structure et le chemin qui la contourne se fassent plus visibles. Il s'agit d'une série de formes triangulaires, amoncelées les unes sur les autres : le plus rudimentaire des abris, mais multiplié. Désireuse de cerner le sens du titre, je me suis rendue sur un site de traduction en ligne français-anglais, lequel m'a indiqué qu'il signifiait «le mauvais endroit», une expression qui ne laisse aucune place à l'ambiguïté. Ceux qui parlent mieux le français lisent un titre qui regorge de possibilités simultanées : que le bon et le mauvais endroit peuvent ne faire qu'un, qu'il pourrait y avoir un bon endroit à l'intérieur du mauvais, ou qu'un extérieur pourrait tout autant être un intérieur.

Nous pouvons observer *L'Endroit de l'envers* sous tous les angles, mais pas d'en haut. En vérité, je ne peux pas voir l'œuvre réelle, car je regarde un rendu numérique de ce dont celle-ci devrait avoir l'air une fois construite, et mon point de vue est par conséquent aléatoire. Cependant, nous sommes plus habitués que jamais à lire des rendus à présent que SketchUp et d'autres logiciels similaires sont aisément accessibles et couramment utilisés, produisant des visualisations que l'on peut faire pivoter autour d'axes artificiels, tandis que la prolifération des films

réalisés par des drones signifie également qu'il est désormais chose courante d'observer une scène d'en haut et d'acquérir ainsi une perspective omnisciente. Lorsque, dans les années 80, Michel de Certeau évoquait la vue qu'il avait de New York depuis le World Trade Centre, sa perspective était encore privilégiée et exceptionnelle : «Icare au-dessus de ces eaux [...] peut ignorer les ruses de Dédale en des labyrinthes mobiles et sans fin.»[1], écrivait-il, tout en observant qu'il était illusoire de considérer la ville distante comme un texte lisible. Chaque ville est constituée de tensions qui opposent les individus et leurs actions à l'autorité centrale et aux rouages de l'administration urbaine. Les habitants rusent pour créer des «événments-pièges, lapsus de la visibilité, [par lesquels ils] réintroduisent partout les opacités de l'histoire»[2]. L'expression «événements-pièges» est une tournure savoureuse qui évoque les chutes caricaturales de personnages peu méfiants, ou encore une trappe d'évacuation secrète pour le citadin individualiste qui cherche à échapper au registre officiel. Observez l'installation d'Andrea Heller en ayant ceci en tête, et ses côtés deviennent des portes-pièges qui autorisent le passage ou des portes battantes dissimulées au nez et à la barbe de tous. Or, il s'agit également d'un château de cartes : rapide à construire, encore plus rapide à démolir.

Bernard Rudofsky, dans *Architecture sans architectes,* publié en 1964, rassemblait des images de traditions de construction vernaculaire ; cet ouvrage éminent a donné naissance à d'autres publications similaires. Cette architecture ne suit aucun plan, mais prolonge une tradition et surgit d'une nécessité ; elle s'est adaptée aux besoins de ses habitants et fait usage des matériaux dont elle dispose. Le titre intégral du livre traduit de l'anglais «Brève introduction à l'architecture sans pedigree» (publié en français sous le titre «Brève introduction à l'architecture spontanée»), fait cependant ressortir la condescendance avec laquelle ces constructions informelles et géographiquement éloignées étaient considérées, la photographie aérienne venant amplifier cette perspective dominante. Si la série de reliefs intitulée *Terrain vague,* créée par l'artiste en 2019, fait songer au livre de Rudofsky, c'est d'abord pour des raisons esthétiques et non méthodologiques. Ces petits éléments non cuits, semblables à autant de plats garnis de mets, ont été réalisés à partir d'une empreinte négative, puis moulés en plâtre. Les formes sont familières et étranges à la fois, et s'associent en une succession de dénivellements différents : l'une pourrait représenter la carte d'une colonie, une autre, dont les bords sont parcourus d'un pourpre rougeoyant, serait un large mamelon saillant, une troisième ressemble à un grand crustacé. Un tube d'un rose intense est roulé en boule à la manière d'un intestin, et en même temps il s'agit d'un petit cône sur un monticule – un volcan observé depuis l'espace.

Pourtant, à l'origine, c'est à petite échelle que l'intérêt d'Andrea Heller à l'égard de la construction vernaculaire devient évident, influant sur la manière dont elle effectue ses premiers tracés et sur la façon dont les œuvres évoluent. Ses dessins obéissent essentiellement à des principes ou à des stratégies graphiques, et non à l'élaboration d'une forme d'ensemble, et les œuvres qui en découlent sont donc déterminées par la manière dont ses supports, les matériaux dont elle dispose à ce moment-là, suscitent l'apparition d'une image ou permettent d'engendrer une forme particulière. Les résultats sont naturels et souvent cristallins, sans pour autant se départir d'une discrète indiscipline, car la variation est une donnée. Prenez l'œuvre sans titre, réalisée à l'encre sur papier en 2019, dans laquelle un volume en demi-lune constitue la base instable – encore que sa dense obscurité lui prête de la gravité – d'un assemblage de triangles aux tons plus clairs. Au-dessus, deux triangles forment le cadre pour un troisième ; l'ombre d'un quatrième repose au sommet. Une autre série, *Magnitude,* 2018 / 2019, est composée d'objets en verre et en céramique et vient amplifier notre incertitude à l'égard de l'échelle et de la surface. Les objets en céramique peinte sont des montagnes miniatures, des paysages fantastiques et sortis de l'enfer – ou bien des formes intensément concentrées qui évoquent des éléments de plus petite taille, tels que des coquilles de coque ou des fleurs en forme de cloche, leurs coloris dégradés suggérant des niveaux de détails structuraux plus profonds, au-delà de ce qui est visible à l'œil nu. Les éléments en verre soufflé de la série sont constitués d'une cloche aux teintes délicates placée à l'intérieur d'une autre, mais nous ne pouvons pas affirmer pour autant que ce qui se trouve derrière le verre – comme l'on pourrait d'ordinaire s'y attendre – est bien l'objet que nous devons observer. Il est impossible de séparer celui-ci de son contexte. Les socles surmontés de dômes irréguliers constitués de panneaux triangulaires en feuille de verre de la série *Vitrine,* créée en 2015, nous posent un défi similaire. Ils vacillent et, observés à distance, semblent aussi fragiles que des bulles de savon, pourtant le titre nous indique que ces structures instables constituent le boîtier protecteur des images placées en-dessous, sur les socles.

Qu'importe que nous soyons à l'intérieur ou à l'extérieur ? Qui détermine la nature et l'emplacement du bon et du mauvais endroit ? Dans ces travaux récents d'Andrea Heller, la frontière qui sépare l'intérieur de l'extérieur est incertaine. Qui plus est, les œuvres viennent entraver notre quête invétérée de supervision ; cette irritation momentanée pourrait nous inciter à remettre en cause le parti que nous comptons tirer d'une telle perspective. Ce n'est pas parce que nous pouvons voir quelque chose que nous le comprenons.

Parfois, la supervision souligne l'autorité, le droit de définir, de catégoriser ou de contrôler l'objet que nous examinons – une autorité devant laquelle nous pourrions nous incliner sans réfléchir. Au contraire, Andrea Heller nous ramène à une unité tangible, à un élément de construction ou à un geste franc, aussi aisément à une échelle cellulaire que sur de très grands formats. Ses contours dessinent une architecture minutieuse en devenir, dotée d'une individualité inhérente. Ils peuvent flotter librement sur la page, mais sont imprégnés des conditions de leur conception et de leur réalisation. L'œuvre est liée au corps qui la crée et au contexte dans lequel il évolue. Dans le studio de l'artiste, une maquette de *L'Endroit de l'envers* était posée sur le bord d'une table. Les passerelles qui relient une structure à l'autre, puis au sol, me rappellent ces rampes pour chat que l'on observe fréquemment en Suisse. Il s'agit d'une architecture pragmatique, qui trace les lignes dont les créatures de chair et de fourrure ont besoin pour se déplacer à travers les différentes facettes des visions architecturales abstraites. Parfois, une trajectoire peut réellement être tracée, mais son empreinte demeure inhérente à la vie qui l'entoure.

1   Michel de Certeau, *L'invention du quotidien, I*: *Arts de faire,* Collection Folio essais (n° 146), Gallimard, 1990, p. 140.
2   Ibid., p. 143.

Drawing Lines
in the Real World

Driving in a remote region, a tourist stops to ask a local man for directions. 'Well,' he replies, 'I wouldn't start from here…'

This pre-sat-nav anecdote would have us mock the man on the road. He, however, could conceive of a perspective that was beyond human experience, for to choose one's trajectory from start to finish is a luxury we never have. We navigate around what we encounter and settle into the topography we are given. Andrea Heller occupies the exhibition space – and the exceptional construct it offers of a discrete, isolated place – with works that make us consider the nature, aesthetics and architecture of form produced not by design, but building on the contingencies of reality.

The dark installation *l'Endroit de l'envers* almost reaches the ceiling of the Salle Poma. Visitors encounter its solid, dark flank like ants encounter an obstacle in their path, though by moving around the room the structure and path around it become apparent. It is a series of triangular forms heaped on top of each other: the most rudimentary of shelters, multiplied. Trying to pin down the title's significance, an online translation site informed me it meant 'the wrong place', leaving no room for ambiguity. Better French speakers read a title brimming with contemporaneous possibilities: that right and wrong place might be one, or that there might be a right within a wrong, that an outside might equally be an inside.

We can look up at *l'Endroit de l'envers* from every angle, but not down. In truth, I cannot see the real work, for I am looking at a digital rendering of what it should look like once built, and my viewpoint is therefore unreliable. Nonetheless, we've grown ever more accustomed to reading renderings now that SketchUp and comparable software is easily accessible and widely used, visualisations that can be spun around unnatural axes, while the proliferation of drone filming also means that an omniscient view of any scene from above is commonplace. When Michel de Certeau wrote in the 1980s about the view of New York from the World Trade Centre, his view was still privileged and exceptional. 'An Icarus flying above […] can ignore the devices of Daedalus in mobile and endless labyrinths far below,' he put it, while noting that to view the distant city as a legible text was an illusion.[1] Any city is comprised of tensions between individuals and their actions and the overarching authority and machinations of the city administration.

Dwellers connive to make 'trap-events, these lapses in visibility, [with which they] reproduce the opacities of history everywhere'.[2] 'Trap-events' is a delightful turn of phrase that conjures cartoonish falls for unsuspecting characters, or an unseen escape hatch for the individualistic urbanite who wants to evade the official record. Look at Heller's installation with this in mind, and her sides become trap-doors that allow passage or swinging doors hiding in plain sight. A house of cards is in play here too: quick to build, even quicker to demolish.

Bernard Rudofsky's *Architecture Without Architects* from 1964 brought together images of vernacular building traditions; it was influential and spawned other similar publications. This architecture does not follow a blueprint but continues a tradition and is constructed out of necessity; it has adapted according to its inhabitants' needs and employs the materials to hand. The full title of the book, however, 'A Short Introduction to Non-Pedigreed Architecture', articulates the condescension with which these kinds of geographically remote, informal construction were regarded, the dominating perspective heightened by aerial photography. Heller's *Terrain vague* series of reliefs from 2019 first brings Rudofsky's book to mind for aesthetic rather than methodological reasons. These small, unfired pieces, akin to as many laden dishes, have been formed in negative, then cast in plaster. The shapes are familiar and alien at once, and scale see-saws between them: one might be a map of a settlement, another, blushing purple at its edges, is a large protruding nipple, a third is like a large shell-fish. A glowing pink tube curls up together as if an intestine, while alongside it is a small cone on a mound – a volcano viewed from space.

Yet Heller's interest in vernacular building initially becomes manifest at a small scale, influencing how she begins to make marks and how works evolve. Her drawings are predominantly guided by graphic principles or strategies rather than the realisation of an overall form, and the outcomes are thus determined by how her media, her materials to hand, allow an image to emerge or enable a particular shape. The results are organic and often crystalline, yet quietly unruly too, for variation is a given. Take the untitled ink on paper work from 2019 in which a semi-circular volume forms an unstable base, though its heavy darkness lends it gravity, for a clutch of lighter triangles. Above, two triangles form the frame for a third; the ghost of a fourth rests on top. Another series, *Magnitude,* 2018/2019, is composed of glass and ceramic objects and heightens the uncertainty of scale and surface. The ceramic, painted objects are miniature mountains, hellish, fantastical landscapes – or intensely concentrated shapes reminiscent of smaller things, such as cockle-shells or bell-shaped flowers, their gradated colour suggesting further levels of structural detail beyond what the eye can see. The blown glass elements of the series place one delicately coloured cloche inside another, yet we cannot say that that which is behind glass – as is customary – is the object for our consideration. It cannot be divorced from its context. We are similarly challenged by the *Vitrine* series from 2015, plinths topped by irregular domes made with triangular panes of sheet glass. They teeter, looking from a distance as delicate as soap bubbles, yet the title tells us that these unsteady structures are the protective housing for the images placed below them on the plinths.

Does it matter if we are inside or outside? Who determines which or where is the right and wrong place? In these recent works by Heller, inside and outside are porous positions. What is more, the works frustrate our search for habitual oversight; within that momentary irritation we might question what we assume that perspective brings. It is not self-evident that we will understand that which we can see. Sometimes oversight underlines authority, rights to define, to categorise or master what is surveyed – authority we may concede unthinkingly. In contrast, Heller draws us back to a tangible unit, a building block or a direct gesture, as easily on a cellular as on a monumental scale. Her forms are careful, emergent architecture with inherent individuality. They may float freely on the page, but are marked by the conditions of their conception and making. This work relates to the body that makes it and the context she inhabits. In Heller's studio, a maquette of *l'Endroit de l'envers* was perched on the edge of a table. The bridges from one structure to the other, and to the ground, remind me of the cat ramps that prevail in Switzerland. This is pragmatic architecture that draws the lines that flesh and fur animals require across the faces of abstract architectural visions. Occasionally a trajectory can really be drawn, but it cuts through embedded, analogue life.

1   De Certeau, Michel, *The Practice of Everyday Life,* London: University of California Press, 1988, p. 92.
2   Ibid., p. 94.

1   *Ohne Titel (Pompons),* 2007–heute / présent / present, Wolle / laine / wool, Dimensionen variabel / dimensions variables / variable dimensions, Ausstellungsansicht / vue d'exposition / exhibition view Analix Forever, Genf / Genève / Geneva, 2007

2   *Ohne Titel,* 2007, Aquarell auf gebranntem Ton, Kerze / aquarelle sur terre cuite, bougie / watercolour on fired clay, candle, 24 × 14 × 11 cm

3   *Netze,* 2002, Papier, Tuschestift, Zwischenräume ausgeschnitten / papier, stylo à encre, interstices découpés / paper, ink pencil, gaps cut out, 240 × 195 cm, Kunstsammlung Stadt Zürich

4   *Meteoriten,* 2005, Tusche und Spraylack auf Papier / encre et peinture aérosol sur papier / ink and spray paint on paper, (links / à gauche / left) 205 × 150 cm, (rechts / à droite / right 190 × 150 cm), Ausstellungsansicht / vue d'exposition / exhibition view Centre culturel suisse, Paris, 2006, Foto: © Sandrine Aubry / CCS, Paris

5   Ausstellungsansicht / vue d'exposition / exhibition view Helmhaus, Zürich / Zurich, 2011 / 2012, Foto: © FBM Studio / Helmhaus, Zürich / Zurich

6   *Schneegrenze,* 2011, Aquarell auf Papier / aquarelle sur papier / watercolour on paper, 150 × 203 cm, Privatsammlung / collection privée / private collection
    Widerstand, 2011, Aquarell auf Papier / aquarelle sur papier / watercolour on paper / 150 × 191 cm, Ausstellungsansicht / vue d'exposition / exhibition view Helmhaus, Zürich / Zurich, 2011 / 2012 Foto: © FBM Studio / Helmhaus, Zürich / Zurich

7   *Panzersperren,* 2006, Tusche auf Papier / encre sur papier / ink on paper, 150 × 235 cm
    Überbau, 2005, Tuschestift auf Papier / stylo à encre sur papier / ink pencil on paper, 150 × 190 cm, Ausstellungsansicht / vue d'exposition / exhibition view Helmhaus, Zürich / Zurich, 2011 / 2012 Foto: © FBM Studio / Helmhaus, Zürich / Zurich

8   *Ohne Titel,* 2014, Tusche auf Papier / encre sur papier / ink on paper, 26 × 18 cm, Foto: © Bernhard Strahm, Gerlafingen

9   *Ohne Titel,* 2017, Tusche auf Papier, Glas und Eichenholz / encre sur papier, verre et bois de chêne / ink on paper, glass and oak wood, 62 × 47 × 2.7 cm

10   *Ohne Titel,* 2014, Tusche auf Papier / encre sur papier / ink on paper, 196 × 150 cm, Sammlung Aargauer Kunsthaus, Aarau

11   *Ohne Titel,* 2011, Tusche und Aquarell auf Papier / encre et aquarelle sur papier / ink and watercolour on paper, 31 × 23 cm, Privatsammlung / collection privée / private collection, Foto: © Martin Stollenwerk, Zürich / Zurich

12   *Ohne Titel,* 2011, Tusche und Aquarell auf Papier / encre et aquarelle sur papier / ink and watercolour on paper, 34.5 × 26 cm, Privatsammlung / collection privée / private collection, Foto: © Martin Stollenwerk, Zürich / Zurich

13   *Braut,* 2011, Tusche auf Papier / encre sur papier / ink on paper 36 × 27 cm, Foto: © Martin Stollenwerk, Zürich / Zurich

14   *Element,* 2013, Tusche und Aquarell auf Papier / encre et aquarelle sur papier / ink and watercolour on paper, 209 × 200 cm, Privatsammlung / collection privée / private collection, Atelier Rue Dautancourt, Paris

15   *Ohne Titel,* 2013, Tusche auf Papier / encre sur papier / ink on paper, 195 × 150 cm, Helvetia Kunstsammlung, Basel / Bâle / Basle

16   *Ohne Titel,* 2017, Tusche und Aquarell auf Papier / encre et aquarelle sur papier / ink and watercolour on paper, 41 × 31 cm, Foto: © Bernhard Strahm, Gerlafingen

17   *Ohne Titel,* 2014, Tusche und Aquarell auf Papier / encre et aquarelle sur papier / ink and watercolour on paper, 65 × 50 cm, Foto: © Bernhard Strahm, Gerlafingen

18   *Ohne Titel,* 2013, Tusche auf Papier / encre sur papier / ink on paper, 31 × 23 cm, Foto: © Bernhard Strahm, Gerlafingen

19   *Ohne Titel,* 2014, Tusche auf Papier / encre sur papier / ink on paper, 26 × 18 cm, Foto © Bernhard Strahm, Gerlafingen

20   Ohne Titel, 2013, Tusche auf Papier / encre sur papier / ink on paper, 31 × 23 cm, Privatsammlung / collection privée / private collection, Foto: © Bernhard Strahm, Gerlafingen

21   *Reflections (a specific place),* 2019, Tusche auf roher Baumwolle / encre sur coton brut / ink on raw cotton, 275 × 208 cm
    Meteorit, 2005, Tusche und Spraylack auf Papier / encre et peinture aérosol sur papier / ink and spray paint on paper, 205 × 150 cm, Ausstellungsansicht / vue d'exposition / exhibition view Kunsthaus Centre d'art Pasquart, Biel / Bienne

22   *Vitrinen 1–3,* 2015, Bilder aus dem Bildarchiv, Glas, MDF, Passepartout / images d'archives photographiques, verre, MDF, passepartout / pictures from the archive, glass, MDF, passepartout, Dimensionen variabel / dimensions variables / variable dimensions, Ausstellungsansicht / vue d'exposition / exhibition view Kunsthaus Centre d'art Pasquart, Biel / Bienne

23   Atelier Rue Dautancourt, Paris

24   *Peripherie,* 2015, Tusche auf Papier / encre sur papier / ink on paper, 200 × 147.5 cm
    Ohne Titel, 2018, Tusche und Aquarell auf Papier / encre et aquarelle sur papier / ink and watercolour on paper, 131 × 150 cm, Privatsammlung / collection privée / private collection, Ausstellungsansicht / vue d'exposition / exhibition view Kunsthaus Centre d'art Pasquart, Biel / Bienne

25   *Ohne Titel (Verwirrung),* 2014, Tusche und Aquarell auf Papier / encre et aquarelle sur papier / ink and watercolour on paper, 192 × 147.5 cm, Foto: © Bernhard Strahm, Gerlafingen

26   *Ohne Titel,* 2019, Tusche auf Papier / encre sur papier / ink on paper, 31 × 23 cm, Foto: © Bernhard Strahm, Gerlafingen

27   *Ohne Titel,* 2015, Tusche auf Papier / encre sur papier / ink on paper, 26 × 18 cm, Foto: © Bernhard Strahm, Gerlafingen

28   *Ohne Titel,* 2014, Tusche auf Papier / encre sur papier / ink on paper, 36 × 26 cm, Privatsammlung / collection privée / private collection

29   *Ohne Titel,* 2017, Tusche auf Papier / encre sur papier / ink on paper, 41 × 31 cm, Foto: © Bernhard Strahm, Gerlafingen

30   *Two rooms (a specific place),* 2018, Tusche auf roher Baumwolle / encre sur coton brut / ink on raw cotton, 220 × 280 cm, Atelier Obergasse, Biel / Bienne

31   *Wall (a specific place),* 2018, Tusche auf roher Baumwolle / encre sur coton brut / ink on raw cotton, 220 × 280 cm, Atelier Obergasse, Biel / Bienne

32   *No entry (a specific place),* 2019, Tusche auf roher Baumwolle / encre sur coton brut / ink on raw cotton, 220 × 335 cm
    Shadows (a specific place), 2019, Tusche auf roher Baumwolle / encre sur coton brut / ink on raw cotton, 275 × 208 cm, Ausstellungsansicht / vue d'exposition / exhibition view Kunsthaus Centre d'art Pasquart, Biel / Bienne

33   *Shadows (a specific place),* 2019, Tusche auf roher Baumwolle / encre sur coton brut / ink on raw cotton, 275 × 208 cm
    Magnitude (Serie / série / series), 2018 / 2019, Handgefertigtes Glas, Keramik, Tusche, Aquarell / verre fait à la main, céramique, encre, aquarelle / handmade glass, ceramic, ink, watercolour, Dimensionen variabel / dimensions variables / variable dimensions, Ausstellungsansicht / vue d'exposition / exhibition view Kunsthaus Centre d'art Pasquart, Biel / Bienne

34   *Terrain vague* (Serie / série / series), 2019, Gips, Tusche, Pigment, Schellack / plâtre, encre, pigment, gomme-laque / plaster, ink, pigment, shellac, Dimensionen variabel / dimensions variables / variable dimensions, Atelier Obergasse, Biel / Bienne

35   *Pavillon (d'oreille),* 2016 (Aussenansicht / vue extérieure / exterior view), Tusche und Dispersion auf MDF / encre et peinture à dispersion sur MDF / ink and dispersion paint on MDF, Ausstellungsansicht / vue d'exposition / exhibition view Muster-Meier, Bern / Berne

36 *Pavillon (d'oreille),* 2016 (Innenansicht / vue intérieure / interior view), Tusche und Dispersion auf MDF / encre et peinture à dispersion sur MDF / ink and dispersion paint on MDF, Ausstellungsansicht / vue d'exposition / exhibition view Muster-Meier, Bern / Berne

37 *Ohne Titel,* 2018, Tusche auf Papier / encre sur papier / ink on paper, 51 × 36 cm, Foto: © Bernhard Strahm, Gerlafingen

38 *Ohne Titel,* 2017, Tusche auf Papier / encre sur papier / ink on paper, 41 × 31 cm, Foto: © Bernhard Strahm, Gerlafingen

39 *Ohne Titel,* 2018, Tusche auf Papier / encre sur papier / ink on paper, 31 × 23 cm, Graphische Sammlung der ETH Zürich

40 Ausstellungsansicht / vue d'exposition / exhibition view Oktogon, Bern / Berne

41 *Ohne Titel* (aus der Serie / de la série / from the series *Magnitude*), 2019, Handgefertigtes Glas, 2-teilig / verre fait à la main, 2 pièces / handmade glass, 2 pieces, 57 × 47 × 47 cm, Privatsammlung / collection privée / private collection

42 *Ohne Titel* (aus der Serie / de la série / from the series *Magnitude*), 2019, Tusche auf Keramik / encre sur céramique / ink on ceramic, 20 × 36 × 36 cm, Privatsammlung / collection privée / private collection

43 *Equilibre,* 2015, Tusche und Aquarell auf Papier / encre et aquarelle sur papier / ink and watercolour on paper, 26 × 18 cm, Privatsammlung / collection privée / private collection, Foto: © Bernhard Strahm, Gerlafingen

44 *Ohne Titel,* 2017, Tusche auf Papier / encre sur papier / ink on paper, 30.5 × 23 cm, Privatsammlung / collection privée / private collection

45 *Ohne Titel,* 2017, Tusche auf Papier / encre sur papier / ink on paper, 36 × 26 cm, Foto: © Bernhard Strahm, Gerlafingen

46 *Ohne Titel,* 2015, Tusche und Aquarell auf Papier / encre et aquarelle sur papier / ink and watercolour on paper, 31 × 23 cm, Privatsammlung / collection privée / private collection

47 *L'Endroit de l'envers,* 2019, Tusche auf Holz / encre sur bois / ink on wood, 580 × 710 × 740 cm, Ausstellungsansicht / vue d'exposition / exhibition view Salle Poma, Kunsthaus Centre d'art Pasquart, Biel / Bienne

48 *L'Endroit de l'envers,* 2019, Tusche auf Holz / encre sur bois / ink on wood, 580 × 710 × 740 cm, Ausstellungsansicht / vue d'exposition / exhibition view Salle Poma, Kunsthaus Centre d'art Pasquart, Biel/ Bienne

49 *L'Endroit de l'envers,* 2019, Tusche auf Holz / encre sur bois / ink on wood, 580 × 710 × 740 cm, Ausstellungsansicht / vue d'exposition / exhibition view Salle Poma, Kunsthaus Centre d'art Pasquart, Biel / Bienne

50 *Ohne Titel,* 2018, Tusche auf Papier / encre sur papier / ink on paper, 36 × 26 cm, Foto: © Bernhard Strahm, Gerlafingen

51 *Ohne Titel,* 2018, Tusche auf Papier / encre sur papier / ink on paper, 36 × 26 cm, Foto: © Bernhard Strahm, Gerlafingen

52 *Ohne Titel,* 2017, Tusche auf Papier / encre sur papier / ink on paper, 36 × 26 cm, Foto: © Bernhard Strahm, Gerlafingen

53 *Ohne Titel,* 2017, Tusche auf Papier / encre sur papier / ink on paper, 36 × 26 cm, Graphische Sammlung der ETH Zürich

54 *Ohne Titel,* 2018, Tusche auf Papier / encre sur papier / ink on paper, 36 × 26 cm, Foto: © Bernhard Strahm, Gerlafingen

55 *Ohne Titel (gaze),* 2018, Tusche auf Papier / encre sur papier / ink on paper, 203 × 150 cm, Kunstsammlung der Stadt Biel

56 Ausstellungsansicht / vue d'exposition / exhibition view NAR Gallery, Biel / Bienne, Foto: © NAR Gallery, Biel / Bienne

Cover

(recto) *Ohne Titel,* 2017, Tusche auf Papier / encre sur papier / ink on paper, 41 × 31 cm, Privatsammlung / collection privée / private collection

(verso) *Ohne Titel,* 2014, Tusche und Aquarell auf Papier / encre et aquarelle sur papier / ink and watercolour on paper, 51 × 36 cm, Privatsammlung / collection privée / private collection

Andrea Heller (*1975, Zürich / Zurich)

studierte von 1998 bis 2001 an der Hochschule für bildende Künste in Hamburg sowie von 2001 bis 2003 an der Zürcher Hochschule der Künste. Sie stellt ihre Werke im In- und Ausland aus.
Ihr Schaffen wurde mit diversen Werkbeiträgen und Atelierstipendien ausgezeichnet. Sie lebt und arbeitet in Leubringen und Biel.

étudie à la Hochschule für bildende Künste à Hambourg de 1998 à 2001 et à la Zürcher Hochschule der Künste de 2001 à 2003. Elle expose ses œuvres en Suisse et à l'étranger. Son travail a été récompensé par divers subsides et bourses. Elle vit et travaille à Evilard et à Bienne.

studied at the Hochschule für bildende Künste in Hamburg from 1998 to 2001 and at the Zurich University of the Arts from 2001 to 2003. She has been exhibiting her work nationally and internationally since 1999. Her work has been awarded various grants and residencies. She lives and works in Evilard and Biel.

Aoife Rosenmeyer (*1978, Belfast)

ist Kritikerin und Übersetzerin, sie schreibt für Magazine wie *Art Monthly, Art Review, art agenda, frieze* und *Kunstbulletin.* Beiträge zu Publikationen wie *Weiche Raster* (Kunstmuseum Olten, 2018), *Saudade* (Expatriate Archive Centre, Den Haag, 2018) und *Markus Kummer* (Haus für Kunst Uri, 2017). Stipendium für Kunstvermittlung 2018 der Stadt Zürich.

est critique et traductrice, elle écrit pour *Art Monthly, Art Review, art agenda, frieze* et *Kunstbulletin.* Elle a récemment contribué aux publications *Weiche Raster* (Kunstmuseum Olten, 2018), *Saudade* (Expatriate Archive Centre, Den Haag, 2018) et *Markus Kummer* (Haus für Kunst Uri, 2017). Bourse de la Ville de Zurich pour la médiation culturelle 2018.

is a critic and translator, writing for publications including *Art Monthly, Art Review, art agenda, frieze* and *Kunstbulletin.* Recent book contributions include *Weiche Raster* (Kunstmuseum Olten, 2018), *Saudade* (Expatriate Archive Centre, Den Haag, 2018) and *Markus Kummer* (Haus für Kunst Uri, 2017). City of Zurich grant for art mediation 2018.

Felicity Lunn (*1963, Cuckfield, GB)

war von 1990 bis 1998 Kuratorin an der Whitechapel Art Gallery in London, von 2005 bis 2008 Leiterin des Kunstvereins Freiburg und von 2009 bis 2011 Kuratorin der UBS Art Collection in Zürich. Seit 2012 ist sie Direktorin des Kunsthaus Pasquart. Sie vertritt die bildende Kunst in der Fachkommission der Schweizer Kulturstiftung Pro Helvetia.

fut commissaire d'exposition à la Whitechapel Art Gallery de Londres de 1990 à 1998, directrice du Kunstverein de Fribourg de 2005 à 2008 et de l'UBS Art Collection à Zurich de 2009 à 2011. Depuis 2012, elle est directrice du Centre d'art Pasquart. Elle représente le département des arts visuels parmi la commission d'experts de la Fondation suisse pour la culture Pro Helvetia.

was curator at the Whitechapel Art Gallery in London from 1990 to 1998, director of Kunstverein Freiburg from 2005 to 2008 and curator of the UBS Art Collection in Zurich from 2009 to 2011. She has been director of the Kunsthaus Pasquart since 2012 and represents the visual arts on the board of experts of the Swiss Arts Council Pro Helvetia.

Olivier Kaeser (*1963, Genf / Genève / Geneva)

ist Kunsthistoriker, Kurator für interdisziplinäre Ausstellungen zeitgenössischer Kunst, Herausgeber von Publikationen im Bereich Kunst und Kultur. Von 2008 bis 2018 war er Ko-Leiter des Centre culturel suisse in Paris. 1994 zählte er zu den Gründungsmitgliedern von attitude, einem unabhängigen Kunstraum mit Sitz in Genf, den er auch leitete.

est historien de l'art, commissaire d'expositions d'art contemporain et de projets pluridisciplinaires, éditeur de publications d'art et de culture. Il a co-dirigé le Centre culturel suisse de Paris de 2008 à 2018, après avoir cofondé en 1994 et codirigé attitudes, structure d'art indépendante basée à Genève.

is an art critic, curator for interdisciplinary exhibitions in the field of contemporary art, editor of publications on art and culture. From 2008 to 2018 he was co-director of the Centre culturel suisse in Paris. In 1994 he was a co-founder and co-director of attitude, an independent art space based in Geneva.

Impressum
Mentions légales
Colophon

Diese Publikation erscheint anlässlich der Ausstellung *Andrea Heller* im Kunsthaus Pasquart Biel, Schweiz vom 6. Juli bis 8. September 2019.

Cette publication paraît à l'occasion de l'exposition *Andrea Heller* présentée au Centre d'art Pasquart Bienne, Suisse du 6 juillet au 8 septembre 2019.

This publication appears on the occasion of the exhibition *Andrea Heller* at the Kunsthaus Pasquart Biel, Switzerland from 6 July to 8 September 2019.

AUSSTELLUNG / EXPOSITION / EXHIBITION

Kunsthaus Centre d'art Pasquart
Seevorstadt 71 Faubourg du Lac
CH-2502 Biel / Bienne
+41 32 322 55 86
www.pasquart.ch / info@pasquart.ch

Kuratorin | Commissaire d'exposition | Curator
Felicity Lunn (Direktorin / Directrice / Director Kunsthaus Centre d'art Pasquart)
Wissenschaftliche Mitarbeiterin | Collaboratrice scientifique | Associate Curator
Stefanie Gschwend
Technik | Technique | Technician
Paolo Merico

PUBLIKATION / PUBLICATION / PUBLICATION

Herausgeber | Editeur | Editor
Kunsthaus Centre d'art Pasquart Biel / Bienne
Texte | Textes | Texts
Olivier Kaeser, Felicity Lunn, Aoife Rosenmeyer
Übersetzungen | Traductions | Translations
Michaela Alex-Eibensteiner (Deutsch)
Katja Naumann (Français)
Rupert Hebblethwaite (English)
Lektorat / Relecture / Proofreading
Michaela Alex-Eibensteiner (Français / English)
Martina Buder (Deutsch)
Grafische Gestaltung | Conception graphique | Graphic design
Barbara Ehrbar, www.superbuero.com
Schrift | Typographie | Typography
Grotesque MT
Papier | Papier | Paper
Munken Pure Rough 1.4
Lithografie | Lithographie | Lithography
Bernhard Strahm, Stefan Rohner
Druck | Impression | Printing
www.longo.media
Buchbinder | Reliure | Binding
Gruppo Padovana, Campodarsego (PD)
Auflage | Tirage | Edition
550
Aufnahmen | Photographies | Photographs
Wenn nicht anders erwähnt / Sauf indication contraire / Unless otherwise indicated Andrea Heller
Installationsansichten | Vues d'exposition | Exhibition views Kunsthaus Centre d'art Pasquart
Stefan Rohner, www.stefanrohner.ch

Bildnachweis | Crédits photographiques | Photo credits
Die Rechte für die Abbildungen sind bei Andrea Heller und ProLitteris, Zürich. / Tous les droits de reproduction appartiennent à Andrea Heller et ProLitteris, Zurich. / Andrea Heller and ProLitteris, Zurich, own all reproduction rights.

Das Kunsthaus Pasquart wird unterstützt von der Stadt Biel, dem Kanton Bern und dem Gemeindeverband Kulturförderung Biel / Bienne-Seeland-Berner Jura. / Le Centre d'art Pasquart est soutenu par la ville de Bienne, le canton de Berne et le syndicat Biel / Bienne-Seeland-Jura bernois pour la culture. / The Kunsthaus Pasquart is supported by the City of Biel, the Canton of Bern and the local authorities association for the promotion of culture Biel / Bienne-Seeland-Bernese Jura.

Verlag | Maison d'édition | Publisher
VfmK Verlag für moderne Kunst GmbH
Schwedenplatz 2/24
A-1010 Wien / Vienne / Vienna
hello@vfmk.org
www.vfmk.org

ISBN: 978-3-903269-94-1

© 2019 Andrea Heller, die Autorinnen und Autoren / les auteurs / the authors, Kunsthaus Centre d'art Pasquart Biel / Bienne, Verlag für moderne Kunst

Alle Rechte vorbehalten / Tous droits réservés / All rights reserved
Gedruckt in Italien / Imprimé en Italie / Printed in Italy

Bibliografische Information der Deutschen Nationalbibliothek. Die Deutsche Nationalbibliothek verzeichnet diese Publikation in der Deutschen Nationalbibliografie; detaillierte bibliografische Daten sind im Internet über http://dnb.de abrufbar.

Information bibliographique publiée par la Deutsche Nationalbibliothek. La Deutsche Nationalbibliothek répertorie cette publication dans la Deutsche Nationalbibliografie; des données bibliographiques détaillées sont disponibles sur http://dnb.de.

Bibliographic information published by the Deutsche Nationalbibliothek. The Deutsche Nationalbibliothek lists this publication in the Deutsche Nationalbibliografie; detailed bibliographic data are available on the Internet at http://dnb.de.

Vertrieb | Distribution | Distribution
Europa / Europe: LKG, www.lkg-va.de
UK: Cornerhouse Publications, www.cornerhousepublications.org
USA: D.A.P., www.artbook.com

DANKSAGUNG / REMERCIEMENTS / ACKNOWLEDGEMENT

Das Kunsthaus Pasquart bedankt sich bei allen Leihgebern, die grosszügig Werke für die Ausstellung zur Verfügung gestellt haben: / Le Centre d'art Pasquart tient à remercier toutes celles et ceux qui ont généreusement prêté des œuvres pour cette exposition : / The Kunsthaus Pasquart is grateful to all those who have generously lent work to the exhibition:

Kunstsammlung Stadt Zürich
und weitere Sammler, die anonym bleiben wollen / et les autres collectionneurs souhaitant rester anonymes / and other collectors who wish to remain anonymous

Andrea Heller dankt / remercie / thanks Antoine Camuzet, Felicity Lunn, Stefanie Gschwend, Team Kunsthaus Centre d'art Pasquart, Olivier Kaeser, Aoife Rosenmeyer, Barbara Ehrbar, Laurens Dekeyser, Raphael Boesch, Matteo Gonet, Joséphine Hirschi, Vera von Siebenthal, Aline Witschi, Bernhard Strahm, Katrin Hotz, Barbara Schwärzler, Simone Schoch, Nathalie Ritter, Beat Cattaruzza, Loredana Sperini, Dominique Koch, Anina Schenker, Gianni Motti, Pascal Danz, Marc-Antoine Fehr, Andreas Dobler, Hubert Bächler, Caroline Kesser, Simon Maurer, Carmen Humbel Schnurrenberger, Christina Scheublein, Georg Bak, Anna Wesle, Kevin Muster, Ferdinand Oberholzer, Bernhard Bischoff, Katia Masson-Gallucci, Damian Jurt, Annelise Zwez, Irene Schildknecht, Martin Stollenwerk, Thomas Schmutz, Marianne Wagner, Roberto Medici, Brigitte Plüss Medici, Nina Binkert, Barbara Heller Rüegg, Ueli Heller.
Love to Colette, Paulin & Alice.

Ernst und Olga Gubler-Hablützel Stiftung

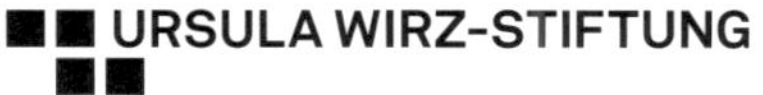

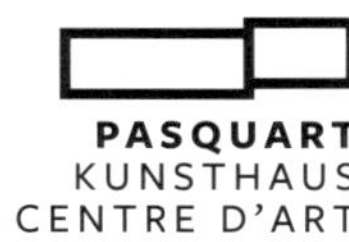

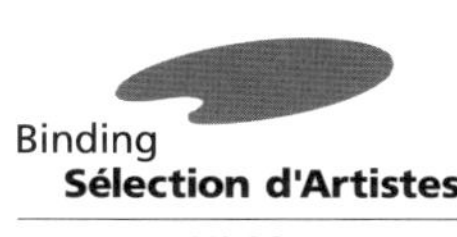